LE RÉVEIL
DE
LA GAULE
OU
LA JUSTICE
DE
JACQUES BONHOMME

PAR

JEAN BAFFIER
OUVRIER SCULPTEUR

Auteur de MARAT, LOUIS XI et Jacques BONHOMME

———

PARIS
1886

LE RÉVEIL
DE
LA GAULE
OU
LA JUSTICE
DE
JACQUES BONHOMME

PAR

JEAN BAFFIER

OUVRIER SCULPTEUR

Auteur de MARAT, LOUIS XI et Jacques BONHOMME

DORS-TU ? JACQUES BONHOMME !

Je défie qui que ce soit de trouver, dans l'histoire du monde, une époque, où un peuple ait été plus trompé que le peuple français à l'heure actuelle !

Je suis sûr qu'il n'y a pas une période de notre histoire, pendant laquelle il y ait eu moins de Justice qu'en ce moment !

Le martyrologe du Progrès Moderne sera effrayant !

La Bastille ancienne compte trente-cinq ans de prison pour Latude !

La Bastille du Progrès Moderne aura à son actif la captivité de Jean Mistral, quarante et sept ans, pour ne citer qu'un exemple.

Le premier fut coffré pour avoir déplu à la maîtresse du Roy !

Le second fut enfermé pour avoir épousé une femme qu'il aimait !

. . . .

Tu te laisseras donc toujours duper, peuple babillard et stupide ; tu ne comprendras donc jamais qu'il faut te méfier de ceux qui te flattent !

Signé : Marat.

. . . .

Ne croirait-on pas que c'est écrit de ce matin !

C'est dur d'entendre cent fois le jour une voix qui vous crie : Tu es un citoyen de décadence.

La nation s'abîme et c'est ta faute; n'es-tu pas souverain! Ho! ho! ho! ho! ha! ha! ha! ha! ha! hin! hin! hin! hin! hin!

Ah! Jacques Bonhomme! Jacques Bonhomme! il n'était donc pas assez lourd, mon fardeau? il n'écorchait donc pas assez mon dos de bête de somme, cet asservissement de dix-neuf siècles? Il fallait encore que le Progrès Moderne me mît au front le ridicule et l'opprobre!

Qu'ai-je donc fait? Jadis on me battait en me grugeant; à présent, on me gruge en m'avilissant.

Qu'ai-je donc gagné au change? Que m'a donc rapporté le Progrès Moderne? Quels profits la Science m'a-t-elle donnés?

Autant vaudrait être cheval; car, dans mon rôle de bête, au moins, ne serais-je pas ridicule!

∴

Un brave homme me disait : « Ne vous tourmentez point; faites de l'art! faites grand!

Mais au nom de qui? au nom de quoi?

Au nom de la patrie? — On prétend que c'est ridicule d'avoir cette idée-là!

Au nom de la famille? — C'est passé de mode!

Au nom de la femme? — On dit que c'est bête!

Au nom de l'homme? — Il est couard!

Qui glorifier? — La science? — Elle empoisonne le monde!

La nature? — On affirme que ce n'est pas comme il faut, dans notre époque de civilisation!

La vie? — Les savants et les égaliteux la suppriment.

Aujourd'hui, en France, y a-t-il encore quoi que ce soit de sacré, de respecté?

Le vin ? — On le falsifie !
L'amour ? — On en trafique !
La gloire ! — On en spécule !
Au nom de qui, au nom de quoi faut-il faire de l'art ?

∴

Connaissant la manière mise en pratique par ceux qui nous dirigent pour faire disparaître un homme gênant, je prends mes mesures.

Je ne crois pas être un homme bien dangereux, mais, en tous cas, je tiens à ce que l'on sache bien que ce que j'écris est la conséquence d'une idée mûrement examinée et soigneusement raisonnée, et j'en revendique toute la responsabilité.

Les lâches crieront : « Folie ! »
Les bâtards crieront : « Trahison ! »
Les imbéciles crieront : « Imprudence ! »
Les vrais hommes y réfléchiront peut-être.

En faisant ce que je fais, je suis sûr que c'est mon droit ; c'est même plus, c'est mon devoir ! Avec le suffrage universel, ne suis-je pas souverain ! et, par conséquent, responsable ! Mon devoir n'est-il pas de veiller au salut de l'État ?

Le corps dont je suis membre, ayant délégué le pouvoir à des hommes qui mettent leurs intérêts au-dessus de ceux de la France et conduisent ainsi le pays à sa ruine, après m'en être soigneusement assuré, je demeure bien convaincu du fait.

Eh bien ! puisque je suis le maître suprême, de l'avis même de nos gouvernants, que fait-on d'un serviteur qui pille la maison ?

. . . .

Je suis prêt et je m'attends à tout, quoi qu'il advienne ; que je sois compris ou non, vainqueur ou vaincu.

Mais je proteste d'avance contre Sainte-Anne ou Charenton, où l'on enferme ordinairement ceux avec qui l'on ne veut pas discuter.

Je déclare que je ne subis pas d'autre influence que celle de mon amour pour ma patrie et mon ardeur pour lui être utile.

J'ai pris un engagement avec un groupe d'hommes qui comptent sur moi. Mais l'engagement le plus ferme est encore celui que j'ai pris avec moi-même et les événements.

Aux dernières élections générales, j'ai dit, en public, ceci : « Notre pays se désagrège, la situation devient grave. Nous avons le droit d'être inquiets. Il est nécessaire d'apprendre à nos chefs que notre patience aura un terme. »

J'ai voulu en avertir le premier ministre de la République, et je suis allé l'en prévenir moi-même, place Vendôme.

Il m'a répondu qu'il ne comprenait pas. Je n'ai pas insisté trois fois, je lui ai promis de revenir.

Je tiens parole.

. . . .

Je suis irrité de voir ma patrie livrée à des impuissants qui l'énervent et la fatiguent sans pouvoir la féconder; à des misérables qui n'ont même pas l'audace de leur crime et qui tuent la nation à petit feu, sans autre raison que de se faire valoir.

Ces bandes de candidats qui surgissent à chaque élection, me rappellent ces bandes de corbeaux que l'on voit de toutes parts s'abattre sur les charognes. — Est-ce que ce serait fini ? — Sentirions-nous déjà la carne ? — Notre vieux sol gaulois n'aurait-il plus de sève ? — Les descendants des Brenns, seraient-ils voués à l'asservissement éternel ? — Le monde moderne est-il destiné pour toujours à être tenu en laisse par les bâtards de l'antiquité Grecque et Romaine ?

Sommes-nous donc condamnés à nous masturber sur nos tentatives d'émancipation et sur nos gloires passées ?

Nos villes et nos campagnes sont, en effet, dans un marasme inquiétant. Il semblerait que l'homme n'a plus de lendemain. — La vie est lourde à porter. — On est fatigué sans produire. — On aurait besoin de repos, mais on ne trouve pas un coin où l'on puisse respirer avec calme. — On s'ennuie. — On n'a pas le temps de travailler. — On n'a pas le temps de penser. — On n'a pas le temps d'aimer. — On n'a pas le temps de vivre. — La France ressemble à un grand corps sans tête; tous les membres remuent machinalement. — On souffre d'un mal qui prend au cerveau et au cœur.

Les nerfs seuls nous conduisent. — On voudrait ne pas être. — On a peur. — La femme a perdu sa belle allure de femelle, — sa gracieuse naïveté de jeune fille, — sa belle dignité de femme, — son beau dévouement d'épouse, — son inépuisable amour de mère. »

Elle se fait grimeuse de cuistre; rebouteuse de philosophie, fricoteuse de politique. Bientôt son linge ne sera plus taché qu'avec de l'encre.

L'homme s'en va au hasard, sans but. — Il court et n'arrive pas. — Il remue, mais n'agit point. — Il parle pour ne rien dire. — Il cherche quelque chose qui lui manque, et ne sait pas quoi. — Il ne pense pas et ne voit pas son œuvre. — Il est esclave de son outil. — A force d'admirer ses machines, il est devenu machin.

. . . .

∴

L'indifférence ronge les Français. Les élections du 2 mai,

à Paris, ont condamné l'état de choses actuel; sur cinq cent mille électeurs, plus de trois cent mille se sont abstenus. Cette chose informe qui s'intitule gouvernement de majorité, n'existe même plus légalement.

Les souteneurs ont crié victoire au lendemain de l'emprunt, parce qu'il a été couvert plus de vingt fois. — Jacques Bonhomme est bon; mais Jacques Bonhomme voit clair et, à ce sujet, il sait très bien deux choses : premièrement, que la presse aujourd'hui, en France, appartient, sauf quelques exceptions, aux boursicotiers et aux agioteurs; secondement, que ceux qui ont couvert cet emprunt, conscients ou inconscients, n'appartiennent pas de cœur à la nation, leur intérêt étant placé au-dessus, ou plutôt au-dessous, de ceux de la patrie; ils tiennent, par conséquent, à ce que cet ordre de choses dure le plus longtemps possible.

Je proteste de toute mon énergie, car j'enrage ma vie de voir qu'avec tous les moyens de faire quelque chose de bon, de beau et de grand, nous ne faisons que des sottises. Je me mine le sang de voir les bons citoyens dégoûtés, les vrais travailleurs paralysés par des êtres qui ne valent pas quatre sous.

Tous ces ronds et sous-ronds de cuir, avec leur séquelle de sous-culs; depuis Félix Pyat et Vaillant, jusqu'au Dauphin de l'Élysée; depuis Cassagnac, jusqu'à l'homme au chat-huant déplumé; depuis M. Bocher jusqu'à l'homme au poulet-chapon, tout ça ne vaut pas un clou. Ça n'a « nè fierté, nè dignité, nè courage, nè vertu, nè loyauté, nè honneur, nè sang, nè moëlle, nè veines, nè os, nè couilles, nè cœur, nè âme. Ce n'est nè chair, nè poisson, nè mâle, nè femelle. »

De loin, pourtant, « ça a l'air de quelque chose ; mais sitôt que l'on s'en approche, et que l'on gratte un tant soit peu, ça s'écorche, ça s'éborche, ça s'émorche, ça devient flou, ça devient mou, ça devient flasque, ça devient crasse, ça devient poisseux, ça devient foireux, ça devient merdeux, ça devient visqueux, ça devient glaireux ; c'est crasseux, c'est gluant, c'est gélatineux, c'est « honnête », et voilà tout. »

Tels sont les serviteurs du peuple souverain ; ha! ha! ha! ha! ha! ha! ha! ha! ha! ha! ha! ha! ho! ho! ho! ho! ho! ho! ho! ho!

J'ai bien idée qu'en prenant tous ces êtres-là, et en les fondant ensemble, on n'en retirera pas un homme, il n'en sortira pas un mâle.

C'est instruit, c'est savant, ça jabote, ça écrit, ça se masturbe, mais ça n'éjacule pas.

∴

Félix Pyat et Vaillant fabriquent de la terreur sur commande, et font de l'économie sociale en chambre, à l'usage des citoyens de carton, pendant qu'à Berlin et à Londres, on boit le jus de nos vignes, en se gaussant de nous, qui buvons le jus de fuschine.

∴

Louise Michel, Basly et Clovis Hugues grattent la couille à Populo, pendant que les ouvriers allemands et Italiens prennent sa place à l'atelier et dans le lit de sa femme. Voilà dix ans que j'entends ces gâteux parler de révolution, et ils n'ont pas encore tant seulement produit un acte équivalant à un pet de lapin.

∴

Et ce gentilleau d'opérettes, ce baladin du cabotinage révolutionnaire, ce damoiseau au camélia, ce marquis de tréteau! Monsieur de Rochefort-Luçay.

Clémenceau, cet homme d'État fluide, ce tondeur, qui n'a jamais tondu que des œufs, ce carabin raté !

Maret, ce vieux volcan refroidi ?

Et le petit Laguerre, ce suinteur de morve gélatineuse, ce plaidereau avorté.

Ainsi que M. Lockroy, ce petit flutiau, ce charmeur de la grande couleuvre expositionifère quatre-vingts neuvaine ?

Ces hommes supérieurs, font des discours en masse, des articles à charretées, sur le relèvement de notre commerce, de notre agriculture et de notre industrie; et, naturellement, notre prospérité est grande ; d'ailleurs, il est facile de le constater : nous faisons trois milliards d'exportations et quatre milliards d'importations ; c'est quasiment, par à peu près, comme si vous gagniez quinze sous par jour et que vous en dépensiez vingt, ou par exemple, comme si vous alliez changer une pièce de cent sous, et que l'on vous rendit dessus, un petit écu et quinze sous.

Notre agriculture est à l'apogée! La preuve, c'est que les fermiers résilient, ou mettent la clef sous la porte, à 10 pour cent par terme. La conquête de la Révolution est dans la mélasse. Le paysan a son champ, c'est vrai, mais il en possède une partie sur quatre, le reste est hypothéqué.

La grande propriété est donc reconstituée, et Dieu sait à qui elle appartient! On verra plus loin le portrait de la noblesse actuelle.

L'autre jour, en revenant de mon pays natal, je me suis amusé à aligner, sur un chiffon de papier, dix établissements métallurgiques, hauts-fourneaux ou grandes usines, situés dans le Cher, la Nièvre et l'Allier, qui sont tombés en ruine; et les quelques survivants, ne tiennent que du branle.

Allez où vous voudrez en France, on vous servira à boire dans des verres Allemands. Les gàs du Morvan portent à leurs manches de chemise, des boutons de l'industrie prussienne. « La Prudence » de Châteauroux a son équerre en fer anglais, sa boucharde et son ciseau en acier d'Allemagne.

Les filles d'Auvergne mettent sous leurs pieds des tapis venant de Prusse. — Et quels produits, bon Dieu! — C'est bon marché! Je crois bien! ils nous envoient tous leurs vieux rossignols! (1) Grâce à l'article 11 du traité de Francfort, l'Allemagne est un déversoir d'où s'écoule en France tous les vieux fonds de boutique de l'Europe. Si les Allemands ne se servaient pas de leur fiente pour l'engrais de leurs terres, ils nous l'expédieraient en barils, et je suis sûr que nos hommes d'État, nos journalistes et nos savants, trouveraient que c'est mirifique au goût, délectable au palais, et profitable à la santé du corps, de manger de la merde d'Allemand!

Il y a aussi l'austère Henri Brisson, ce grand caractère en margarine.

Monsieur Déroulède, l'inventeur du patriotisme en formules, avec traitement facile à suivre, même en voyage!

Messieurs Ferry et Floquet, ces deux belles cariatides, style Louis-Philippe..

Ainsi que Meucucieu de Freycinet, l'homme des milieux « honnêtes ».

Tous ces foudres de guerre, tiennent très-haut le drapeau de la France; la preuve, c'est qu'à Madagascar, il n'y a pas longtemps, ils se sont crus obligés de s'abaisser devant les réclamations des Anglais, qui s'étaient pris à jeter les hauts cris, parce que l'on avait enfermé un des leurs, lequel nous

(1) Les préfets de la région du centre et de l'ouest, signalent une invasion de commis voyageurs d'Allemagne, qui parviennent à écouler à vils prix des marchandises de grossière fabrication.
Le Petit Journal du samedi 26 Juin 1886, 1ʳᵉ page, 3ᵉ colonne.

faisait un espionnage désastreux. Et la France a dû donner une indemnité, parce que nos officiers avaient osé prendre une détermination virile, et avaient affirmé une volonté personnelle ! (1)

Aux cérémonies de l'Élysée, madame la Présidente couvre de son aile madame l'Ambassadrice de Prusse ; et M. Grévy, grand-maître de la Gallia, en apparence, n'est plus en réalité, que le chevalier servant de la Germania ! (Le Brave-Homme ne s'en doute même pas, il est si bon !)

Enfin, si vous voulez voir dans la nature, quelque chose de comparable à ces êtres-là, il faut prendre : la chenille qui perce vos feuilles de choux, le charançon qui ronge votre blé, la limace qui englue votre chemin, et vous fait choir, le ver qui émorche votre châlit, la mauvaise nourriture qui vous donne la drille.

II

DU JOURNALISME

Le journal, c'est l'opium que nous prenons chaque matin, pour nous endormir au bord de l'abîme.

La presse qui devrait être la trompette des grandes idées, s'est faite la servante de l'hypocrisie et de la cupidité.

Au lieu d'éclairer le peuple, elle le flatte.

Au lieu d'élever et de moraliser les sentiments des hommes, elle développe leurs instincts canailles.

Au lieu de jeter la lumière, elle répand la nuit.

Au lieu de lancer dans les masses de grands courants d'émulation et de solidarité, elle racornit les idées, rétrécit

(1) Affaire Schaw.

les esprits, divise et paralyse les forces viriles, détruit l'idée de justice et d'équité. Elle n'instruit pas les hommes, elle les trouble et les inquiète. Un homme qui lit un journal, ne pense pas, ne juge pas, il ergote.

On achète chaque matin pour un sou de conception ; ça fait la journée.

La confection de la pensée se fait comme la confection des chaussures ; malheur à celui qui a la pointure trop forte. A côté des fabriques de vin, il y a les fabriques d'idées.

On brasse l'amour et l'amitié, comme on brasse le cidre ; ça se tire au jour le jour en tartines fadasses, et chaque matin, on s'applique ça sur la conscience avec un verre de jus de campêche.

Nous nous empoisonnons en même temps le corps et l'esprit.

On croit apprendre quelque chose, on ne sait rien. Et si l'on veut connaître la vérité sur les évènements du jour, il faut s'en aller bien loin dans un fond de province où n'a pas encore pénétré le journal ; malheureusement, il est peu d'endroits en France ayant conservé ce privilège. Alors on saura qu'il n'y a pas un seul républicain, ni dans la Chambre des Députés, ni dans le Sénat, ni dans le gouvernement actuel, et que, pour trouver dans notre histoire une époque aussi critique que la nôtre, il faut remonter à l'an Mil, avec cette différence que la situation actuelle est bien plus grave.

Avant l'An Mil, les Latins n'empoisonnaient que notre esprit ; mais, aujourd'hui, le vieux sauvageon Gaulois est attaqué dans ses racines, il est frappé dans sa source de vie, et bientôt, la sève ne montera plus.

La vieille souche nationale est atteinte de ce phylloxera des peuples que l'on appelle « l'indifférence. »

Voilà où conduisent les faiblesses et les fautes politiques, bien plus préjudiciables que les crimes d'État; — car à côté d'un crime, il peut naître un dévouement; un courant d'idées généreuses se produit, et le niveau moral d'une nation s'élève.

Les faiblesses et les fautes, au contraire, ne peuvent qu'engendrer l'inquiétude, l'incertitude, la lassitude, l'indifférence.

Un peuple incertain est un peuple sans forces; un peuple indifférent est un peuple mort.

III

HUGO LE GRAND

Ce poëte épatant, ce penseur aux idées creuses, cet écrivain enflé, ce républicain vaporeux, raconte lui-même dans un de ses livres (1), comment un homme vint le prévenir, avant le coup d'État de Décembre, que la République était en danger. Il le conjurait de la sauver et venait lui en fournir les moyens.

Hugo refusa, alléguant pour excuser sa couardise, « qu'il ne tuerait pas un enfant pour sauver un peuple. » — Caton le ferait, dit l'autre. — Jésus ne le ferait pas, répondit Hugo le gaga.

C'est avoir une bien piètre opinion de celui qui a flétri les Pharisiens et flagellé les vendeurs du Temple! Moi je suis sûr que si Jésus avait été représentant du peuple en Quarante-huit, et qu'il soit survenu sur ce coup de temps-là, il aurait soufflé le peureux et coupé l'aorte à Bonaparte.

Ainsi, voilà un Monsieur qui a mission de défendre la

(1) Histoire d'un crime, livre 2, p. 193 « *Le devoir peut avoir deux aspects.* »

République, et qui de plus, est investi d'un pouvoir, pour ainsi dire discrétionnaire. On vient lui annoncer qu'un coquin aiguise son couteau pour égorger cette République, et il se contente de répondre, que, si le crime est commis, il protestera... après.

On s'est prosterné devant ce foireux. — Nous avons admiré ce cafard; on a panthéonisé l'homme qui nous a appris à être lâches.

Quant aux conséquences, les voilà :

Nous avons subi le Deux-Décembre, Sedan, le Traité de Francfort. — Nous avons été battus comme blé en grange, et nous avons crié : « Gloire aux Vaincus. » — Il s'est trouvé là je ne sais quel artiste bâtard, sorti d'une école sans sexe, pour dresser l'image de notre couardise. On a crié bravo! — Les avortons du pouvoir ont fait couler en bronze cette ignominie et les élus de Paris l'ont étalée au beau milieu de la cour d'honneur du Palais Municipal.

Comme on doit rire de nous! là bas! Le Deux-Décembre nous a conduits à un Sedan militaire. Le traité de Francfort nous a amené un Sedan industriel, un Sedan commercial, un Sedan agricole, un Sedan artistique, etc.

La guerre que nous fait l'Allemagne, à l'abri du traité de Francfort, est bien plus désastreuse que celle de 70; car, en 70, elle ne nous avait pris que du sang; mais depuis, elle nous suce nos moëlles.

Nous sommes plus maltraités qu'un pays conquis; car on a toujours des égards pour un peuple vaincu. Mais avec des hommes qui s'honorent d'être battus, il n'y a rien à craindre. Aussi les Allemands, et en général tous les étrangers, ne se gênent pas avec nous. A la vérité, ils auraient grand tort de se contraindre; car au moindre pet qu'ils font, nous trouvons que c'est plein de sentiment et de délectable odeur, ils peuvent nous chier sur le nez, et nous trouverons que ça sent bon.

Ils s'emparent de notre industrie, fournissent au rabais le drapeau de nos rues, couchent avec nos femmes et nous les appelons nos frères. — Ça fait que nous sommes battus, cocus et contents. Il serait difficile d'être plus jobards ! Si tel était le but que nous nous proposions d'atteindre, nous y sommes; c'est fait.

Seulement ce n'est pas crâne, ça manque de grandeur. Si nous devons vivre ainsi, ayons au moins la pudeur de ne pas ternir la patrie du Brenn et de Hoche. Gardons au moins un dehors qui ne soit pas aussi gamache, car notre vrai nom serait : la tribu de Jean-Jean Deniscouillon.

IV

DE LA QUINTESSENCE SPERMATIQUE DES SAVANTS

Les citoyens bien agissants de corps et d'esprit sèment leurs enfants dans leur chemise, étant donné que le PROGRÈS MODERNE ne leur permet pas de les faire autrement, et l'on voit de pauvres diables d'hommes de science s'équarquiller l'entendement à chercher les moyens artificiels de procréer des rejetons viables.

Aussi le siècle qui voit fleurir l'anémie, la phtisie pulmonaire et les fabriques de vin, verra avant peu s'épanouir les entrepôts de sperme, les manufactures de poupons.

Ce sont sans doute ces générations manufacturées qui vivront en anarchie ; si toutefois les petits cochons ne mangent pas ces sortes d'hommes.

V

DE L'INTOLÉRANCE SCIENTIFIQUE

On entend des orateurs, tirés à quatre épingles qui racontent, en faisant des yeux blancs, comment l'humanité était jadis comprimée et étouffée par des enceintes de pierre, où les hommes étaient conduits en punition d'une offense faite au pouvoir établi, religion ou monarchie.

Avec une lettre de cachet et un exempt, paf! on vous empoignait un homme, et on le mettait à l'ombre. — Souvent, ajoutent-ils, les portes se refermaient sur lui pour toujours! — Alors ces Messieurs nous racontent comment fut démolie la Bastille Saint-Antoine, et comment l'Humanité respira après le 14 juillet, 1789 ans après Jésus-Christ, et on ne sait pas bien au juste, combien de mille ans après la création de l'homme. — Leur conférence terminée, ils se frottent les mains en se rengorgeant dans leur faux-col, et se pavanant un peu à la manière des coqs d'inde, bien convaincus, — je m'en suis assuré, — qu'il n'y a plus qu'à tirer l'échelle, puisqu'il est admis que la Bastille Saint-Antoine et les lettres de cachet n'existent plus. — L'humanité respire donc. — Il est facile de s'en convaincre, du reste:

Le Progrès est imprimé sur des milliers de livres et de journaux, et la Fraternité des hommes est affichée sur les murs! — Les intérêts particuliers sont au-dessus de ceux de la patrie; le bois de campêche et la fuchsine sont choses sacrées. — L'anémie et la phtisie pulmonaire prospèrent sur le beau sol de France! — La science nous fait manger de vieilles semelles de bottes en guise de grillades, et les vessies sont devenues pour tout de bon des lanternes; car le peuple a la vue écourtée à ce point qu'il confond cochons d'Inde avec taureaux, et qu'il élève les chauves-souris à la dignité d'aigles. — Grâce au Progrès Moderne, les esprits s'en vont se racornissant, et les idées se ratatinent. Toutes les sèves de notre terre gauloise s'empoisonnent, toute virilité s'étiole, et les citoyens se compissent dans leurs chausses. Les chemins de fer portent dans les campagnes la corruption des esprits, en même temps que le poison des corps. — L'homme est devenu esclave de son outil. — La Science tue le monde, mais M. Pasteur n'en est-il pas le pape, et M. Brouardel le Grand-Inquisiteur ? cela suffit!

Vive la Science; hors de là, point de salut!

. . . .

Dis-moi, petit normalien de mon cœur, permets-moi de prendre ta place pour faire à mon tour, une petite conférence sur les Bastilles passées et présentes. — Je pourrais remonter loin dans les siècles, mais je ne veux pas anticiper sur ta science; d'ailleurs je suis pressé. Tiens, si tu le veux bien, prenons à partir du XVᵉ siècle jusqu'à nos jours; entendons-nous bien, jusqu'à l'an 1886. Je commence :

« Mesdames, Messieurs. Depuis le XVᵉ siècle, nous avons comme Bastilles célèbres : les cages de Louis XI et ses oubliettes, les plombs fameux de Venise, et les non moins fameux instruments de torture et bûchers de l'Inquisition ; enfin la Bastille Saint-Antoine!

« C'est effrayant! n'est-ce pas? Eh bien! je mettrais mon petit doigt au feu, et ma tête dans mes chaussettes; je donnerais mes couillons aux chiens de M. Pasteur, que toutes ces Bastilles sont jouets d'enfants, à côté de celles d'aujourd'hui!

« Oui, mesdames, oui, messieurs! Les Bastilles qui s'appellent aujourd'hui Saint-Anne, Charenton, l'Institut-

Pasteur, et les maisons de santé, sont mille fois plus dangereuses que les Bastilles anciennes !

« Je vais vous dire pourquoi :

« Jadis, on mettait à l'abri des chiens et du vent, les particuliers qui portaient ombrage au pouvoir établi, ou qui gênaient le développement de certains intérêts. Aujourd'hui, c'est autre chose ; car, tant plus que ça change, tant plus que c'est pire. La procédure seule a fait quelques progrès, et l'intolérance religieuse, s'appelle de nos jours, intolérance scientifique et politique.

« Avec le système des Bastilles anciennes, on pouvait avoir l'espérance d'en sortir vivant, et d'y conserver au moins sa raison ; tandis qu'une fois entré dans la Bastille Moderne, on est sûr de n'en pouvoir sortir que mort ou fou ! même depuis Pinel.

« Voltaire et Diderot ont passé par les Bastilles d'antan, sans en être avariés. On ne m'ôtera pas de l'esprit, que, si quelqu'un avait aujourd'hui l'audace et le talent, de faire pour les abus actuels, ce que faisaient pour ceux du siècle dernier, Voltaire et Diderot, on le mettrait à la Bastille Saint-Anne ou à Charenton, voire à l'Institut-Pasteur, et il n'en sortirait pas sain et sauf, je vous en réponds !

« Au dernier siècle, avec une lettre de cachet et un exempt, on vous coffrait. Aujourd'hui, avec une formule scientifique et un journaliste, on vous enferme. L'arbitraire a conservé sa même toute-puissance.

« Franchement, Mesdames et Messieurs, pouvez-vous être en sûreté avec le zèle scientifique que l'on déploie aujourd'hui. Ainsi, par exemple, voici M. Charcot, le médecin-aliéniste bien connu, qui se fait fort de découvrir qu'un homme est fou, en opérant de la façon suivante : il place le sujet dans un faux-jour, et de manière que la lumière éclaire sa face, sous un angle déterminé ; alors, un simple examen de l'œil du sujet, lui révèle aussitôt si celui-ci, a dans le regard, le germe de la folie. Diable ! nous ne sommes guère en sûreté, et je crois bien qu'à un moment donné, tout homme peut devenir une recrue de Charenton et de Sainte-Anne.

« Je pourrais citer mille exemples des faits et gestes des temps heureux où nous vivons. J'en prends un, au hasard, pour démontrer comment cela se pratique. La chose se passait il y a peu de temps. C'était, si j'ai bonne mémoire, le cinquième jour d'avril de la présente année.

« Un être ayant bras et jambes, torse et tête, en tous points ressemblant à un homme, se permit de trouver que les Floquet, les Freycinet, les Brisson Henri, les Clémenceau, les Laguerre et les Clovis Hugues, tous ces bateleurs et leur suite, ne faisaient pas précisément les affaires de la nation, et il prit la résolution et le moyen de le leur dire, dans la salle même des séances de la Chambre.

« Que s'est-il passé ? vous pouvez en juger en lisant ceci : « Monsieur Alexandre Honnet, l'auteur de cette réclamation, a été conduit à la questure ; on prétend qu'il ne jouit pas de toutes ses facultés. » (1) Et depuis, jamais on n'a entendu un mot au sujet de cette affaire.

« Il fut un temps où l'on aurait crié au scandale, à mort le royaliste, brigand, communard, etc. Aujourd'hui, voyez avec quelle facilité de bon ton on supprime un homme. Étant donné que vous avez dit ou fait une chose qui gêne ces braves gens, et compromet le développement de leur ventre et de leurs vices, crac ! un savant se trouve là, (il y en a tellement !) il vous regarde et découvre tout de suite que

(1) *Radical* du 6 avril 1885.

vous êtes enragé, ou atteint d'aliénation mentale. Un journaliste se rencontre également là (ils abondent partout!) enregistre le fait et dit : « Pauvre homme. » Le lendemain Jeanneneu, trouve le fait consigné dans son journal, avale l'anguille et le tour est joué. Alors on enferme bien honnêtement le bonhomme, on le douche bien gentiment pendant six mois, puis, on fait constater qu'il est fou. Cette fois, par exemple, c'est vrai.

« Un autre fait qui me revient à la mémoire en ce moment, est également très curieux, et donne bien l'idée de la pente dangereuse sur laquelle nous glissons. Cette fois, c'est d'autant plus grave que les gens sont aveuglés par la formule scientifique et le mot Progrès. Je suis sûr que, dans l'état actuel des esprits, on arriverait à faire prendre aux gens, des lavements de clous à bateau si l'ordonnance était revêtue de ces deux mots tant magiques : Science et Progrès Modernes ; ce qui prouve bien que les masses instruites d'aujourd'hui sont tout aussi badaudes et moutonnières que les masses ignorantes d'autrefois.

« Retournons à mon histoire ; je connais très bien la famille où elle s'est passée et il n'y a pas longtemps de cela.

« Un « très honnête homme » a cinq fils ; il en est un fort intelligent ; j'ai eu le plaisir de causer avec lui, et j'ai été tout à la fois étonné et charmé, de la façon dont il comprend les choses. Mais, comme ses parents sont de « très honnêtes » bourgeois, ils se croient déshonorés d'avoir un fils qui pense que le Conseil Municipal de Paris est un ramassis de fumistes, et le chemin de fer métropolitain une fumisterie ! Pensez donc ! — En conséquence, le père et la mère, ainsi que les frères, n'avaient pas assez de mauvaises plaisanteries à lui faire, et enfin, la vie lui était devenue insupportable.

« On s'habitue difficilement à entendre dire à son père et à sa mère : « mon fils est un idiot. » Il se révolta. — Croyez-vous, dit le père, qu'il parlait de nous tuer tous. J'ai cru d'abord qu'il était enragé, mais un médecin de mes amis m'a assuré qu'il n'avait pas été mordu. Néanmoins, je vais faire tout mon possible pour m'en débarrasser.

« Ainsi, vous voyez, mesdames et messieurs, si le médecin « ami », n'avait pas prouvé au père que son fils n'était pas mordu, pour sa tranquillité, ce brave père de famille, aurait conduit son fils à l'Institut-Pasteur, pour le faire inoculer.

« En conséquence, tout ce qui n'est pas selon la formule « honnête », adoptée, actuellement est fou. Jadis on disait rebelle.

« L'intolérance religieuse et monarchique a laissé passer Rabelais, Molière, La Fontaine et Rousseau; l'intolérance scientifique et politique d'aujourd'hui nous conduit au néant.

« L'humanité ne respirait pas avant le 14 juillet 89, c'est possible ! Mais enfin nous avons eu une génération d'hommes vigoureux qui ont montré en 92 et 93, qu'ils avaient du poil au bras, et chaud au cœur.

« La compression et les bastilles des siècles derniers n'avaient donc pas détruit notre vigueur, empoisonné notre sève et notre sang; l'Intolérance scientifique, politique et sophistique d'aujourd'hui, ainsi que les Bastilles modernes, c'est la mort de notre race, ni plus ni moins.

« La Bastille Saint-Antoine a à son actif la captivité de Latude, 35 ans. La Bastille moderne a celle de Mistral, 47 ans.

« Le premier fut coffré pour avoir déplu à la maîtresse du Roy; le second fut enfermé pour avoir épousé une femme qu'il aimait.

« Vous voyez donc bien, Mesdames et Messieurs, que les Bastilles modernes sont encore plus préjudiciables au genre humain que les Bastilles anciennes, et que l'intolérance scientifique est plus déplorable encore que l'intolérance religieuse. Les docteurs du Dogme nous avaient au moins laissé l'espoir. Les docteurs de la science nous ont enlevé cette dernière illusion ; à force de vouloir nier les erreurs du dogme, ils en sont arrivés à dogmatiser leur erreur et nier la vie.

« Rien n'est plus funeste que cet aveuglement de la science. Elle est en train de nous épuiser pour avoir l'agrément de nous guérir ensuite. En terminant cette petite conférence, Mesdames et Messieurs, permettez-moi de m'extasier sur cette charmante façon de procéder avec nous ; elle me rappelle l'anecdote de ce chien qui ayant fait quelques sauvetages, ne pouvait plus voir un homme au bord de l'eau, sans éprouver l'irrésistible besoin de le noyer, afin de se ménager une occasion d'exercer ses beaux talents de sauveteur. Messieurs les savants, ne ressemblez vous pas à ce chien, dévouement de sauveteur à part. Sur ce, bonsoir la compagnie ! »

VI

LES ARTS

Il y a aujourd'hui en France un grand nombre de petits Périclès, qui traînent à leur suite des légions famélique de Phidias et d'Ictinos ; mais on ne voit pas apparaître, même en perspective, un Parthénon d'un demi-pouce de haut. Ce serait peut-être trop demander d'ailleurs ; les ressasseurs de l'art antique ont dans notre pays une très heureuse influence ; car, depuis que l'on nous a introduit des Grecs en coton, et des Romains en sucre, nous voyons de « très honnestes » mères de famille, faire boire du vinaigre à leurs filles, pour empêcher leur taille de se développer et atteindre à cet idéal de la forme antique amiévrie par les bâtardimuslatinos.

Nous avons partout des écoles. — Nous regorgeons de pédagogues et d'inspecteurs, qui sucent le budget de l'État. Seulement, Nevers agonise, Gien s'éteint, Rouen n'existe plus, il y a beau temps, Sèvres se meurt, Paris est en décadence, les Gobelins s'étiolent, Aubusson décline, etc., etc.

Nous n'avons pas un meuble d'art qui marque une époque et qui puisse être signé XIXe siècle. Si nous continuons ainsi, nous n'aurons plus un seul ouvrier d'art dans 10 ans.

Il y a en France, une Académie et un Conservatoire *nationaux* de musique, et l'on danse au son des cuivres allemands au pays Berrichon.

Les poètes et littérateurs français viennent de créer, en fait de littérature *nationale*, la société du « vieux cosaque » (ça me fait penser au mot fameux de Napoléon), Richepin en est, dit-on. J'espérais cependant mieux que ça de lui. A moins que par vieux cosaque il n'entende « vieux gaulois. »

On dit que c'est de la faute à la vapeur et à la science. Voyez-vous ça : cette gueuse de vapeur, cette garce de science. Voyez-vous ces deux mâtines qui nous interdisent d'aimer les jolies filles et les chansons françaises, le bon dressoir où s'étalait la vaisselle de famille, le pichet et le verre où nous tirons et humons le bon piot, l'armoire qui renferme le linge familial, la croix de mariage de la grand'-

mère, et la bonne odeur de lessive ; enfin la patrie, le grand soleil et la nature !

Diable ! ça serait dangereux, la concurrence de la vapeur et de la science. J'ai ben dans ma caboche, idée que la vapeur et la science n'ont pas de ces prétentions ; je crois plutôt à la cupidité ou à l'imbécillité des hommes qui prennent de telles échappatoires. J'ai grand' malice et grand déplaisir de voir nos poètes et littérateurs oublier que nous avions des ancêtres au temps d'Alexandre le Grand, et j'ai grand' peine de me voir servir l'inspiration française dans un baquet exotique tandis que nous avons un gobelet où il serait si bon de boire et au fond duquel on trouverait, j'en suis sûr, des chansons, des poèmes et des livres.

Est-ce qu'il n'y a pas, chez nous, des endroits vénérés où de grands ossements émergent à fleur de terre pour nous rappeler les grandes luttes de notre race ? Découvrez donc les richesses de notre sol, voyagez dans notre pays, et vous sentirez des émanations qui vous pénètreront les moëlles, une sève généreuse qui vous fera bander l'âme.

Allez rêver à l'ombre de nos vieux chênes, couchez-vous à plat ventre dans l'herbe fraîche, au bord de nos riantes fontaines ; le murmure de l'eau bercera votre rêverie, et les héros qui ont illustré notre patrie vous apparaîtront et vous pénètreront de leur vaillance et de leur fierté, — Alors vous vous relèverez pour chanter leur gloire.

Trempez vos plumes dans le jus de nos treilles, et vos plumes écriront toutes seules ; non pour flatter et tromper le peuple, mais pour l'éclairer et le servir. Vous apprendrez que la patrie a encore des enfants dévoués et fidèles, mais que ces enfants ont soif de vérité et de justice.

La vieille terre de Gaule n'est certainement pas épuisée ; en pressant sa puissante tétine, il en jaillira encore le lait de justice, qui fortifiera ses enfants altérés, et fera renaître dans leur esprit et leur corps l'espérance et la vie, la gaîté et l'enthousiasme, la vertu et l'honneur. Et, au lieu d'être la risée des autres peuples, nous serons leur modèle, et nous leur apprendrons que la Marianne Gauloise a encore des amants qui ont chaud au cœur pour elle, et qui sont capables de faire respecter son drapeau.

∴

Et vous, messieurs les peintres, sculpteurs et architectes, que faites-vous donc là à vous secouer les roubignolles à la santé de ces vieux tessons de colonnes poudreuses?

Allez donc danser la bourrée sur *l'herbe tendre, au son des flageolets et doulces cornemuses tant baudement* — Jetez donc au vent la lampe académique et laissez-vous éclairer par la lumière du grand soleil du bon Dieu.

Envoyez aux cinq cent dix mille diables le biberon de l'Institut, et prenez à pleines babines le bon tétin de la Nature.

Tonnerre de Dieu; demandez donc que l'on vous serve le jus de nos vignes; plutôt que de l'expédier aux Allemands et aux Anglais, et vous trouverez au fond de vos verres la tournure et le style qui caractérisent la race des Brenns.

Au lieu d'aller étudier sur la colonne Trajane le profil d'un Gaulois rasé par César, allez danser la montagnarde au pays des Arvernes, et vous verrez apparaître la grande ombre du vainqueur de Gergovie.

Vous apprendrez à admirer les fortes filles de nos champs dont les larges bassins sont faits pour porter des mâles. Cela ne vous empêchera pas d'être sensibles au chant du rossignol; les fraîches odeurs de nos bois, les doux parfums de nos prés, rempliront d'émotion vos cœurs, et vous aimerez à traduire les charmes de la mignonne enfant dont la blancheur et la grâce rappellent le jeune bouleau de nos forêts.

Allez donc voir les terres arides de la Champagne, vous vous coucherez sur le dos pour ouïr le chant de l'alouette. Dilatez vos estomacs devant les beaux morceaux de bidoche en vie de nos pâturages normands; humez le vin de Bourgogne, chantez les bœufs dans le Nivernais, ainsi que les vieilles chansons de nos rustiques troubadours de l'antique Bituriges.

Allez donc admirer la majesté de nos montagnes vosgiennes et pyrénéennes, vous asseoir sur les roches de nos côtes bretonnes, méditer sur l'immensité de l'Océan, et demander leurs secrets aux vieux dolmens druidiques.

Vous reviendrez, le cœur et l'esprit chargés d'enthousiasme, et la silhouette de nos grands aïeux se dressera devant vous, et vous demanderez que l'on vous donne comme programme de concours non pas « Tobie ayant peur d'un poisson », non pas « Claude le foireux, nommé empereur », mais « le Brenn jetant son épée dans la balance des ergoteurs de Rome. » Et nous élèverons, à côté de Notre-Dame de Paris, le temple de la Nation, le Panthéon de la Gaule.

VII

NOS CAMPAGNES

Je connais un coin de terre en France que j'aime par-dessus tout, non par ce que j'y possède des domaines; mais par ce que j'y suis venu au monde.

Je l'ai connu avant le régime des égaliteux, des savants et

les journalistes; le « Progrès Moderne » ne régnait pas encore au Berry.

On s'assemblait l'hiver dans de longues veillées.

Le chef de la famille était assis dans son grand fauteuil, et sa femme le servait. Cet acte ne la dégradait point, car tout le monde la respectait grandement.

Les hommes et les garçons tillaient le chanvre ou tressaient des paniers. — Les femmes et les filles filaient la laine ou tricotaient des bas.

On faisait de l'histoire et de la poésie.

Le grand-père narrait les prouesses fameuses ou les vertus de son bisaïeul. — La grand'mère racontait l'histoire du prince charmant, arrangée et adaptée à un héros et à une héroïne de sa connaissance. Pendant ce temps-là, le grand-père tisonnait le feu, et l'on pouvait, à la clarté de l'âtre, surprendre au coin de sa bouche, certaine jubilation de rides; dans sa physionomie, certain rayonnement qui dénotait que ce prince charmant était *arrié* de sa connaissance.

C'était toujours d'un intérêt bien grand; car c'était plaisir à voir comme on écoutait.

Quand le conte était fini, les garçons s'approchaient des filles, sous prétexte de les aider; mais, en réalité, pour leur dire bonsoir avec une petite pince à la taille. On allait se coucher là-dessus et l'on dormait bien.

L'été, on s'assemblait le dimanche à l'ombre des grands ormes ou des marronniers. — Les hommes faisaient la partie de quilles et leurs femmes contemplaient les beaux effets de leur adresse et de leur force musculaire.

Les garçons embrassaient les filles en dansant au son de la musette; l'on buvait du vin clair qui rendait joyeux, et l'on chantait les vieilles chansons du crû, inspirées par le bon vin, les gentes filles, et l'amour du sol. On riait franc.

Les vieillards assistaient à ces ébats, et semblaient revivre leur jeunesse. On n'avait pas d'insignes, ni de costumes de patriotes, on portait tout cela en dedans, et on avait dans le cœur, ce je ne sais quoi, qui fait que l'on est content de voir clair, et que l'on respire à pleins naseaux.

On aimait. On vivait. On espérait.

Aujourd'hui que le progrès selon les latins a passé par là; que le journalisme et la science ont fait leur œuvre, il n'y a plus de veillées l'hiver; il n'y a plus de grands ormes, on ne joue plus aux quilles, on danse encore quelquefois, mais c'est au son de la musique allemande. — On boit du jus de fuschine qui vous met sur le cerveau une calotte de plomb. — Les garçons portent des devises et des costumes de patriotes, mais ils méprisent leur père et sont esclaves de leur faux-col.

On voit des filles qui se prostituent tout comme à Paris, et l'on chante des chansons inspirées par les émanations des fonds de bidets de la capitale.

On ne rit plus.

Le chant des Bœufs, qui jadis remplissait nos plaines et nos vallées de ses mâles accents, est à peine resté dans les mémoires. — Les laboureurs ne chantent plus!

Les grands bœufs en sont attristés.

On ne voit plus de vieillards, il n'y a que des vieux.

Nos champs sont encore cultivés, mais c'est par habitude.

On est inquiet. L'initiative fait défaut.

Le printemps sourit au paysan. Le paysan ne sourit plus au printemps; il est triste.

La voix de l'homme manque à la grande harmonie de la nature.

On ne regarde plus en haut, on ne regarde plus devant soi, on regarde à ses pieds. On craint, à chaque pas, de trouver une fosse.

Je causais ce matin (1) avec un de mes amis, un fier bûcheron Bourbonnais. Je voulais avoir son opinion sur notre situation actuelle, car les habitants des forêts sont réputés gens de bon sens et de jugeotte bien grande. Ils parlent peu, mais disent parfois de grandes vérités.

J'entretenais donc mon ami, et je le pressais de questions qu'il laissait sans réponse.

Tout à coup, il se redressa, planta sa cognée dans le flanc d'un chêne, et me regardant bien en face, il me dit d'une voix ferme et calme :

« Vieux, le mal est ben pus grand qu'ça. On godille ben encore un peu, mais on ne bande pus en France. L'an passé, j'pissains encore su' l'bé d'nos sabots, mais à c't'heure, ça dégouline dessus nos genoux.

« Si tu veux manger la soupe avec moé arrive, mais laisse moé tranquille. »

On ne bande plus en France. Entendez-vous, Messieurs les Normaliens-sorboni-latinos ; vous êtes en train de châtrer la nation.

Je suivis mon ami, et après nous être assis par terre, devant sa loge, il me passa sa cuiller en étain, il s'en fit une d'un éclat d'équarrissage, et on mangea la soupe sans nous rien dire.

« Avant de nous séparer, lui dis-je, je voudrais pourtant te poser une question ; fais-moi le plaisir d'y répondre : »

— Va !

— Penses-tu que ce soit fini ?

(1) 25 mai 1886.

— Ça dépend ! Si la justice n'est pas morte chez nous, il y a espoir ! »

VIII

DE L'INTÉRÊT GÉNÉRAL ET DE L'INTÉRÊT PARTICULIER

Toutes les fois que, dans une nation, les gros intérêts ne sont pas ceux de la patrie, c'est la décadence, la chûte à bref délai.

Ce sont les gros intérêts particuliers qui ont escamoté la Révolution Française et engendré le 18 Brumaire, et on les retrouve toujours depuis, au premier rang, avec la Restauration, surtout avec Louis-Philippe, le 2 Décembre, la Guerre et la Paix honteuse de soixante-et-onze. Aujourd'hui, l'idée d'intérêt général fait sourire. Il faut vraiment que la nation française ait la vie dure, pour avoir résisté à cela, depuis bientôt un siècle. Il est nécessaire d'ajouter que la corde est usée, et que si nous ne trouvons pas une stabilité politique à bref délai, nous sommes flambés.

Si la monarchie franque, malgré ses fautes, a laissé une page glorieuse dans notre histoire, c'est parce que, le plus souvent, l'intérêt de la nation a été lié au sien.

Exemple : Louis XI considérait la France comme sa propriété. C'était un bien. Il chercha aussitôt les moyens de faire fructifier son domaine. S'étant aperçu que les Seigneurs Féodaux étaient devenus de mauvaises herbes dont il fallait débarrasser le sol, il abattit le grand chêne couronné de la féodalité pour faire place aux pousses nouvelles.

C'est cette conséquence de la liaison de ces deux intérêts

qui sauva la nation sous François Iᵉʳ, malgré les fautes et les vices de son roi.

Le même phénomène se reproduit sous Henri IV, avec Sully, — sous Louis XIII avec Richelieu et sous Louis XIV avec Colbert.

La monarchie est alors à son apogée ; on la voit vieillir avec Louis XIV ; son prestige naturel ne lui suffit plus ; elle devient coquette, et d'une coquetterie qui sent la maladie. Malgré sa splendeur, le palais de Versailles donne bien l'idée d'une décadence. On y sent quelque chose de forcé, d'excessif. C'est pompeux, ce n'est pas grand.

La maladie s'accentue avec Louis XV. C'est un vieux chêne couronné avec Louis XVI ; il faut l'abattre ou la nation périra. Alors ce qui avait été fait pour la féodalité au XVᵉ siècle se refait pour la monarchie au XVIIIᵉ. Marat et Danton ne font que rééditer Louis XI.

Tout passe, tout marche, tout se transforme ici-bas, rien n'est immobile.

La monarchie est morte, bien morte en France.

Nous devons la Paix à ses cendres, respect à ses souvenirs, salut à sa gloire. — Que ses partisans portent son deuil, c'est bien leur droit, mais ils ont tort de remuer ses cendres et d'agiter son linceul, car ils ternissent cette grandeur passée qui peut, malgré ses fautes et son origine franque, nous servir d'exemple en bien des cas, à nous Gaulois et Républicains.

IX

LA FRANCE PAR RAPPORT A L'ALLEMAGNE

Les nigauds du journalisme, et les politiciens gâteux, se tirent d'affaire, à propos de l'Allemagne, en disant que Bismarck n'est pas populaire là-bas. Imbéciles!...

C'est précisément ce qui caractérise sa force.

A-t-on jamais vu des peuples s'enthousiasmer pour ceux qui les servent ? Allons donc ! Il leur faut des impuissants qui les flattent, ou des hypocrites qui les exploitent.

Louis XI, qui coupait une tête pour sauver une armée, es execré chez nous; et Bonaparte qui a fait tuer des milliers d'hommes pour se donner des airs de César, est populaire.

Marat qui voulait, qui était sur le point de réduire à l'impuissance, la race des abâtardis latins, à qui nous devons tous les régimes sans nom que nous avons traversés depuis sa mort, Marat est-il populaire chez nous? — Non.

Il faut au peuple des atrophiés comme Louis Blanc, des hypocrites comme Hugo, des pitres comme Rochefort, ou des saltimbanques comme Monsieur Clémenceau.

Jeanjeannicon s'en va rabâchant toujours, à l'instar des marchands de prose, que l'Allemagne souffre, et que quand Bismarck sera mort.....

Oh! Alors!

Oui Jeanfoutre. Est-ce que les nations n'ont pas, comme les femmes, leurs souffrances d'enfantement. Est-ce qu'un sillage n'entraîne pas un courant?

La mort de Louis XI n'a pas empêché l'unité de la France, malgré l'ineptie de ses successeurs, parce que les bases en étaient solidement et *naturellement* établies.

Frédéric II de Prusse ayant posé de même la base de l'unité des Allemagnes, son œuvre s'est continuée après sa mort, et est achevée aujourd'hui par Bismarck. Et l'idée mise en pratique par celui-ci, de réduire la France, ne sera point interrompue par sa mort.

Je hais Bismarck, parce qu'il est l'ennemi de mon pays, mais je suis bien obligé de lui rendre cette justice, que c'est un fier luron, et que s'il a violé l'Allemagne, en tout cas, il lui a fait un mâle.

Étant obligé de mettre en présence de cet homme les pleutres qui ont inventé le *Gloria victis*, de mettre en parallèle de cette œuvre, le gâchis et la ruine de ma patrie, mon cœur se serre, le nez me pique et mon sang me brûle, car je suis bien sûr à présent, que mon ennemi le plus redoutable, c'est celui qui me trompe en me flattant, celui qui me déshonore par son amitié vile, celui qui n'a pris ma défense que pour me piller, serviteur lâche et fourbe, qui se moque du maître en le volant.

X
MON BUT

La stupidité ou la cupidité des hommes de pouvoir est tellement grande chez nous, que c'en est une pitié, une honte.

C'est en vain qu'on leur signale le mal; c'est en vain qu'on leur apporte le remède.

Ils vous regardent d'un œil hébété et vide, et vous répondent que tout va pour le mieux.

Ils ne peuvent pas faire et ne veulent pas laisser faire.

Je signalais dernièrement à un homme politique « influent », le désarroi de notre agriculture dans le centre, ainsi que la ruine, devenue définitive, de nos grands établissements métallurgiques et de nos industries d'art.

Il me répondit d'un ton sentencieux que le « Progrès Moderne », avait de ces exigences.

Ah ! bah !

Voilà déjà bien longtemps que l'on nous rabâche cette couillonnade, dans les journaux, les conférences et les discours.

Moi je commence à l'avoir au cul, votre « Progrès Moderne ».

.·.

Depuis quinze ans, je nourris un projet. C'est le but de ma vie.

Je rêvais de donner une impulsion vivifiante à nos industries artistiques du centre que je voyais, que je vois de plus en plus tomber en décrépitude : la faïence de Nevers et de Gien, les fers forgés de Mehun, et je rêvais de fonder à Bourges le meuble d'art.

Je me suis mis à l'œuvre, et j'ai fait de mon mieux, considérant que l'art est un sacerdoce et que celui qui s'y livre doit se donner tout entier, et ne doit rien négliger pour arriver à son but.

Je pense aussi que, dans notre pays, l'art n'est utile et n'a sa raison d'être qu'autant qu'il a sa source d'inspiration dans le sentiment ou dans l'idée nationale.

Les Grecs sacrifiaient à la plastique pure, et ils avaient raison, vu leur climats et leurs mœurs ; j'admire et je comprends leurs aspirations, mais je crois que nous avons autre chose à faire que de les copier. Est-ce qu'ils copiaient les autres, eux ?

Puisque nous n'avons pas le même climat, le même pays, il est juste et logique que nous n'ayons pas les mêmes aspirations.

Je suis bien sûr que Saint-Étienne de Bourges ne ferait pas mieux à Athènes, que le Parthénon à Paris, place de la Madeleine. Le Parthénon est lourd à Paris, Saint-Étienne serait maigre à Athènes ; question d'atmosphère, question de ciel, question de lieu.

Nous autres Francs-Gaulois, nous sommes bien plus pénétrés par le charme et le caractère, que par la beauté pure et froide. Notre sang, notre climat, le veulent ainsi. — On voit de très jolies femmes qui nous déplaisent, et d'autres, moins jolies, qui nous charment ; de très beaux hommes, qui nous fatiguent, et d'autres, presque laids, qui nous intéressent.

A l'écrivain et au poëte, nous demandons des figures ronde-bosse, qui nous fassent pleurer ou rire, et que l'on puisse embrasser ; au peintre et au sculpteur des physionomies qui reflètent au dehors les sentiments ou les passions du dedans.

Je crois sincèrement que l'artiste est récompensé quand on lui fournit les moyens de produire, et quand il a fait partager ses émotions à ses concitoyens.

J'ai donc fait de mon mieux, aidé et guidé par de bons amis, que j'ai rencontrés dans ma région et à Paris, et, après bien des efforts et des déceptions, j'ai obtenu un résultat. Je crois pouvoir affirmer que j'ai conservé l'estime de ceux qui avaient eu confiance en moi, et je crois avoir conquis à ma cause des amis nouveaux.

J'aurais donc voulu, aidé de la collaboration de mes amis de la Nièvre et du Cher, rénover nos industries d'art du Centre, en les retrempant dans notre histoire locale et dans notre bon terroir.

Je suis sûr que les mâles silhouettes des gâs du Morvan ou du Bourbonnais, les fins profils de nos Berrichonnes et des filles du Combraille, les travaux rustiques de nos champs, ainsi que les scènes historiques de la contrée, feraient bien sur des panneaux de chêne.

Pourquoi donc la faïence de Nevers ne retrouverait-elle pas le coq Gaulois, et ne retracerait-elle pas les anecdotes champêtres de l'histoire nivernaise, si variée, si poétique et si pittoresque?

Est-ce que les fers forgés de Larchevêque, à Mehun-sur-

Yèvre, ne nous donneraient pas à penser à l'épée des Brenns?

Que diriez-vous, lecteurs et lectrices, d'un beau dressoir en chêne, de la fabrique de Bourges, garni de faïence de Nevers, avec une belle suspension en fer forgé par Larchevêque, à Mehun? Et de tout ça que l'on puisse dire : « ce n'est pas bête, c'est du XIXe siècle, et c'est Gaulois. »

J'avais trouvé un écho et un appui dans le Maire de Bourges, qui se trouve être Français, chose fort rare aujourd'hui parmi les hommes de pouvoir, et je le soupçonne même d'avoir des tendances vraiment républicaines, ce qui est tout à fait extraordinaire.

Cette idée lui avait donc souri, et nous espérions la mettre en pratique. Mais une idée comme celle-là n'est pas suffisamment radica-socialo-intransigeant-possibili-antiopportuno-anarchiste. D'un autre côté, ce n'est pas précisément Gloriavictiopportuno qu'un Français, un Berrichon surtout ait une idée semblable.

Si j'étais d'Allemagne, à la bonne heure. Mais un Français, un Berrichon surtout, allons donc!. Un être qui ne sait pas un mot de latin, qui dit moé, pour moi, et fait cinq fautes d'orthographe sur quatre mots, ah! par exemple! Ha! ha! ha! ho! ho! ho! ho! ho!, ho! ho! ho! ho! ho! ho! ho! Ah! elle est bonne celle-là!

C'est ben bête, un Berrichon, mais c'est ben têtu.

Je suis un Berrichon têtu!

Je me morfonds de voir nos vignerons boire dans des verres prussiens, et mon sang bouillonne de rage, quand je regarde les gentes filles de chez nous, avec leurs gracieuses petites coiffes, danser au son de la musique allemande. Nom de Dieu! les gâs! à bas les casseroles et les chaudrons à

Wagner, et vive la musette à Compagnon! Et rossez-moi tous ces musiqueux de malheur qui nous assabouissent avec leurs cuivres Germains. (1)

Le Berry est le centre de la France, le cœur de la vieille Gaule. Nous avons eu notre Roi de Bourges. L'allemand a pénétré jusque là, et y a introduit, non seulement les produits de son industrie, mais encore sa musique.

Vous appelez-ça le Progrès! Messieurs?

Eh bien! moi! je chie dessus, votre « Progrès »! Et aussi vrai que vos couilles sont molles, les vignerons français ne boiront plus dans des verres allemands, avant un an, ou les Gaulois sont châtrés, et ma tête sera dans ma poche!

Je suis sûr que ce que j'indique, peut se faire, non seulement dans une région, mais par toute la France, selon les moyens et facultés naturels de chaque province. Mais pour que toutes ces choses soient faites, c'est-à-dire, pour que la France retrouve son prestige et son honneur, il faut que les fruits secs fassent place aux fruits verts, les impuissants, aux forts, les émasculés aux mâles.

Le Pouvoir ne doit plus être pour l'homme une situation, mais une charge publique. C'est un devoir, et non un tremplin.

(1) La musique est assurément l'harmonie de la terre, c'est la plainte ou le cri de la création qui se dégage des bruits de la nature. Wagner, qui était juge de son œuvre, bien plus que tous ses histrions d'accolytes, a déclaré lui-même que ses partitions étaient faites exclusivement pour des cerveaux et des tempéraments germaniques ; qu'étant en rapport avec leur sol, elle répondait à leurs aspirations de race; et que le jour où elle serait transplantée à l'étranger, elle serait incompréhensible ou ridicule. Que les allemands aiment leur musique et leurs instruments métalliques, rien de mieux. Mais pourquoi les copier aussi servilement? nous devrions en avoir honte. N'avons-nous pas une musique nationale, nos mélodies et nos chansons françaises, tout imprégnées des parfums de terroir? Gardons-les et aimons-les!

Je sens qu'il n'y a pas moyen de s'entendre avec des gens qui appellent Progrès, la ruine; et il est bien évident que nous allons nous user et périr, avec des êtres qui font et défont les gouvernements, sans autre souci que de faire valoir leur personne.

Nous offrons nos intelligences et nos dévouements; l'on nous raille et l'on nous méprise.

Nous offrons nos bras et nos volontés! on nous paralyse et l'on nous bafoue.

C'est un crime d'État aujourd'hui, d'être Français en France!

Il est donc grand temps de savoir si nous sommes chair ou poisson, Français ou Allemands, Gaulois ou Teutons, mâles ou femelles.

Pour produire, il faut:

La stabilité politique dans l'État.

La paix au foyer.

La sécurité dans le travail.

Puisque, pour obtenir ces choses, il nous faut une révolution, faisons-la; et surtout pas de sensiblerie. Il me semble que nous devons en avoir assez, de tous ces pleurards, ces foirards, ces humanitaires, ces fraterniteux et ces égaliteux de mes baloches, qui sèment partout la division et le désarroi.

Il vaut mieux écraser dix chenilles, que de perdre un cent de choux.

Faisons donc une bonne fois, un échenillage sérieux.

Où en sommes-nous en ce moment:

1° — Le pouvoir, en France, est actuellement entre les mains des bâtards latins, race d'impuissants, et de fourbes, qui nous trompent et nous rongent.

2°. — La Révolution Française a été étouffée par eux, et ce sont ces latins qui produisent encore cette perpétuelle agitation, sans autre résultat que le déshonneur et la ruine.

3°. — Ceux que l'on appelait les Rhéteurs de Rome décadente, sont les aînés des sophistes et des ergoteurs qui nous divisent aujourd'hui en France.

Voici deux rapprochements historiques desquels on peut tirer un enseignement bien net.

A ROME

Ils font et défont les Empereurs; les grandes fonctions de l'Etat, cessent d'être données aux plus dignes. On en comptait jusqu'à trente à la fois, qui se disputaient le titre d'empereur.

EN FRANCE

Ils font et défont les gouvernements, et les grandes fonctions de l'Etat sont données aux impuissants et aux fourbes ; j'en ai compté, plus de soixante qui se disputaient six sièges de députés, l'an dernier, à Paris.

Le gouvernement républicain étant le seul possible en France, après avoir usé le césarisme et la monarchie constitutionnelle, ils ont inventé un tas de trucs pour dérouter le bon sens et le jugement naturels des citoyens. Ces trucs sont un tas de mots saugrenus, ne reposant sur rien de pratique ou d'utile, mais qui leur permettent d'entrer au pouvoir ou de se dérober, selon leur intérêt personnel.

6°. — Chez nous un républicain, doit être un républicain, comme un chat est un chat.

En conséquence, je déclare que tous ces faiseurs qui s'intitulent Opportunistes, Radicaux, Intransigeants, Révolutionnaires, Communistes, Socialistes, Possibilistes, Collectivistes, Anarchistes, etc., ne sont ni Français, ni Gaulois, ni Républicains et je les dénonce comme ennemis de la République et de la nation, car ils ont détruit, ou sont en train de détruire tous les éléments de vie qui ont fait notre gloire passée, et qui doivent servir de base à notre avenir, savoir : la famille, la Patrie, l'initiative individuelle, qui sont nos points d'appui, l'unité d'action qui est notre force, enfin l'esprit de justice et d'équité qui est notre plus puissant levier.

Il est impossible de concevoir et de travailler convenablement avec ces agitateurs perpétuels qui parlent pour ne rien dire et remuent pour ne rien faire.

Assez de masturbation.

Enfin, il est clair et bien évident, que ces êtres-là n'ont rien dans les flancs, si ce n'est de la merde; si on ne veut pas les détruire, qu'on les nourrisse pour leur fumier, mais qu'ils nous laissent tranquilles.

J'indique plus loin ce qu'il faut faire pour les remplacer.

XI

LE GERMAIN ET LE LATIN

Le Germain est resté franchement notre ennemi; on le voit venir. — Le Latin, au contraire, s'est fait notre ami, et s'est attaché à nous, comme le gui s'attache au chêne.

C'est lui qui a greffé le christianisme, cette plante d'Orient, sur notre vieux chêne druidique. — Il a fait prendre cette greffe à force d'astuce.

Ça n'a pas produit de bons fruits, mais c'était pour lui,

un moyen de domination, car la domination est sa maladie originelle. Il tient ça de son père le Romain, qui était brave et payait crânement de sa personne; mais le conquérant des Gaules, abâtardi lors de l'invasion des Francs n'avait plus que la maladie, sans conserver la grandeur et la bravoure. Ne pouvant plus être préfet en Gaule après le Ve siècle; de rhéteur, il devient docteur du dogme, pour atrophier, émacier, sécher, écourter, abîmer, tronquer, émasculer le grand souffle du Nazaréen, tout cela pour conserver sa domination sur nous, rien de plus.

N'ayant pas eu le courage de défendre sa proie, au Ve siècle, contre les Francs, il s'attache à cette proie comme une lèpre, comme un chancre, et, naturellement, il ira toujours s'abâtardissant. Le système qu'il emploie alors est exactement le même qu'aujourd'hui.

Il jette le trouble et la division dans les esprits, paralyse les forces viriles, détruit l'individualité, l'esprit de solidarité et d'équité. La famille et la patrie ne comptent plus; tout doit se rapporter à lui.

Meure le genre humain, pourvu qu'il domine, ça lui suffit; en conséquence, il passe par tous les degrés d'abrutissement, et finit par prédire la fin du monde pour l'an Mil. Son ascendant s'étend alors sur tous les esprits.

Il veut dominer et régner à tout prix, fût-ce sur des cadavres; il a du goût pour la chair morte.

L'an mil arrive, et le monde persiste à vivre.

Le franc nous sauva du latin.

Au onzième siècle, Abélard attaque Saint-Bernard. C'est la vie contre la mort, l'équité contre l'intolérance. Et là, commence ce grand duel entre la monarchie franque et l'Église Romaine, qui se termine au XVe siècle au bénéfice de la royauté, sans toutefois nous débarrasser de notre plaie.

Il y aurait là de beaux textes pour des hommes de plume et de parole, si nous avions des hommes de plume et de parole qui aient dans les veines de ce beau sang français, et dans leurs os, de cette vieille moëlle gauloise.

Au XIIe siècle, l'élément indigène reprend espoir; la monarchie franque cherche l'appui des communes. Philippe-Auguste, au commencement du treizième, gagne la bataille de Bouvines, avec les milices gauloises. L'élément gaulois s'introduit également dans le dogme, et il bâtit la cathédrale qui est à la fois un hommage et une protestation, une œuvre d'art et un livre, un chef-d'œuvre et un pamphlet, un tribut d'admiration rendu à la nature, et un acte de justice flétrissant ceux qui ont méconnu ses lois.

L'intérieur d'une Cathédrale, c'est l'intérieur d'une forêt gauloise; le vieux culte druidique renaît. La nature violée reprend ses droits. Nos vieux pères, dans leur reconnaissance envers elle, lui ont fait hommage de son portrait, et ils l'ont portraituré fidèlement, avec ses beautés et ses verrues, ses petitesses et ses grandeurs. Ils ne cherchaient pas à la réformer, ces barbares! Et ils ont fait grand, et ils ont fait beau.

Le sauvageon avait tué la greffe.

Alors le latin se fit cafard et courtisan hypocrite. Il se fit cuistre aussi pour déformer notre littérature et nos arts, et pour introduire le droit Romain dans nos lois. Le latinisme s'infiltra de nouveau sous une autre forme, et le renard attendit l'occasion de ressaisir sa proie. . . . .

Le rire de crécelle de M. de Voltaire, ne me dit rien qui vaille; je n'aime pas cet esprit en petit fil de fer . . . . .

Bref, la monarchie franque tomba en décrépitude.

La Révolution arrive, il reparaît. Il est dans la robe de Siéyès, et prend en apparence le parti du peuple pour mieux tomber la royauté. Il cherche le démembrement de la France, ergotte avec la Gironde et vote la mort de Louis XVI. Comme il est couard et fourbe, il rampe pendant la Terreur et se redresse au neuf-Thermidor. Le tour est joué, il est triomphant, il a ressaisi son pouvoir. Deux Gaulois lui avaient porté ombrage et détruisaient son œuvre : Marat et Danton, il les tua! Il empoisonne Hoche et ressuscite César. Il est dans la peau de Talleyrand, et devient chambellan de Bonaparte. Celui-ci croit pour tout de bon que c'est arrivé, considère que l'univers est sa propriété et se met en devoir de prendre possession de ses domaines. Il va commencer d'abord par mettre notre planète dans sa poche, et ensuite, il s'attaquera à la lune. — Toutes les armées d'Europe sont mises en pièces, nos forces sont gaspillées, notre sang coule, sans autre but que le caprice d'un fou lucide. Ce titan de baudruche va se casser le nez contre un rocher d'Espagne; une poignée d'hommes résolus suffisent pour détruire ce prestige universel. — Cette poignée d'hommes, c'étaient des Gaulois, qui avaient, cette fois, vaincu César.

Cet échec fait à Bonaparte pouvait avoir des conséquences immenses, s'il y avait eu des hommes d'idée parmi ces hommes d'action, L'Espagne pouvait s'en relever, et nous pouvions, nous, reconquérir notre situation d'avant le 9 Thermidor et revenir à notre évolution naturelle, et la France, au lieu d'être aujourd'hui la risée de l'Europe, donnerait le ton au monde entier.

Il en fut tout autrement, hélas !

Bonaparte tomba, mais après avoir enseveli les dernières forces, usé le dernier sang des légions qu'avait enfanté le souffle révolutionnaire. Alors, la patrie moribonde déterra le cadavre de la Royauté, et le mit sur le trône. Cette ombre, ce revenant de la monarchie Franque, fit peur au latin. Il cherche, trouve un joint, renverse Charles X, et proclame l'abâtardi Louis-Philippe roi des agioteurs et des boursicotiers. Alors, la royauté prit pour sceptre un parapluie, et pour devise : enrichissons-nous.

Malheureusement, il n'y avait pas place pour tous à la curée. La charogne fut accaparée par les corbeaux les plus matois; les autres commencèrent à croasser, et n'étant propres à rien par eux-mêmes, ils eurent la malice d'intéresser Populo, ce pauvre chien, cette bonne bête de somme, à leur rapacité, lui faisant croire, comme toujours, que les vessies sont des lanternes.

L'homme au parapluie fut mis dehors, et on proclama la République.

Populo avait tiré le gâteau des mains des dix-huit centtrenteux, pour le remettre entre celles des quarant-huiteux.

Ceux-ci avaient donc à récompenser le peuple, car ils ne savent pas ce que justice veut dire, et comme le peuple avait besoin de manger, on le bourra de bonnes paroles de paix et de concorde. — On l'encouragea au travail et à l'émulation. Seulement on le laissa sans ouvrage.

Le potage de son existence fut composé d'une certaine devise écrite encore sur les murs, et qui est aussi creuse et autant vide que le plafond de nos sénateurs.

Alors commença le régime de la masturbation à sec, et l'on vit accourir des légions d'impuissants.

Le poupard Louis Blanc avait des succès monstres.

Il fallait des yeux vitreux et des couilles plates.

C'était le triomphe des hystériques et des poitrinaires.

Être anémique devint une position sociale.

Les corbeaux tenaient toujours leur fromage, et comme ils n'aiment pas à être troublés par des responsabilités, ils eurent alors pour échapper à celles-ci une idée véritablement géniale.

Ils inventèrent le suffrage universel pour le fausser et ils trouvèrent moyen de truquer pour gouverner sans responsabilité, jouir sans avoir de comptes à rendre, et se faire valoir sans préjudice aucun pour eux.

C'était donc une découverte immense. On l'appliqua aussitôt avec un mot vraiment heureux : « Peuple, tu es souverain ». Et aussitôt les masturbés de renchérir : « Peuple, tu es divin ! Peuple, tu es sublime ! Peuple, tu es adorable !!! Tous les peuples de l'univers s'applatissent devant ta majesté, et te tendent la main, par-dessus l'Océan. — Il n'y a plus de frontières. »

Jean Couillardeau coupa dans le pont et crut que c'était arrivé; et il cria « Fraternité des peuples et Internationalisme. — On nous a, en effet, tendu les mains depuis ce temps là, mais dans les mains que l'on nous a tendues, il y avait des fusils. Sommes nous assez cuculs ! tout de même !

Revenons à nos corbeaux. Ils tenaient toujours leur fromage, comptant sur leur plumage, leur ramage et leur trucage, pour régner toujours. — Seulement, le peuple se lassait d'avoir le ventre creux. Les yeux de poisson frit et les lèvres bleues commençaient à l'agacer. Il en avait déjà plein le dos de ces Jérémies en sucre d'orge.

∴

César avait un petit. Compère le loup avait un louveteau qui se fit renard, et vanta tellement le plumage, le ramage et le trucage de M. du Corbeau, que celui-ci ouvrit son large bec et laissa tomber son fromage en la gibecière de Maître Renard. Et aussitôt Maître Renard se mit en devoir de coffrer M. du Corbeau. Et M. du Corbeau de crier : A l'assassin, à la trahison, à moi les yeux blancs, à moi les fausses couches, à moi les châtrés ; allez dire au peuple qu'on assassine la loi.

Les yeux vitreux n'avaient plus d'influence sur le peuple. Le beau temps des natures mortes étaient passé. — Le peuple laissa faire, indifférent. — Il avait une vague intuition que ses mandataires étaient des lâches, mais il ne savait pas, il ne sait pas encore.

Il y a eu, au Deux-Décembre, comme en 1830, comme en 70 et 71, pendant la guerre et la commune, de nobles victimes du dévouement à la foi jurée sur du sable mouvant. Des artères admirables de sève et de santé arrosèrent cette honte pour sauver l'honneur de la Patrie.

Ces forces ont été, et restent perdues, les fautes sont encore à réparer, et la Patrie reste déshonorée.

Justice Justice ! es-tu donc morte ! Le peuple n'avait pas bougé au Deux-Décembre, avait-il entrevu la ficelle ? Non !

Les impuissants qui s'étaient sottement laissé prendre, les lâches qui n'avaient rien voulu faire pour défendre la République quand il en était encore temps, se trouvèrent exilés et emprisonnés. Alors Jeancucu se mit à pleurer sur leur sort, et aussitôt les cafards se posèrent en martyrs, envoyèrent de l'exil des pages trempées dans l'eau salée, et gogo crut que c'étaient des larmes mêlées de sang. — En conséquence les ignares devinrent de profonds politiques, et les foireux furent sacrés « héros. »

Maître Corbeau reprit espoir de reconquérir son fromage, et la guerre fut déclarée à Maître Renard.

L'empire tomba en nous léguant une dette monstre et l'Invasion allemande.

Alors ceux qui avaient été impuissants à défendre la République contre cinq ou six risque-tout furent chargés par les

Peuple, de défendre la Patrie contre l'envahissement d'une armée de deux millions d'hommes.

Le résultat fut ce que l'on devait attendre.

Maître Corbeau avait reconquis son fromage, mais la France était obligée de payer cinq milliards, de donner deux provinces, et le Traité de Francfort nous mettait à la merci, non seulement de l'Allemagne, mais de l'Europe entière. C'était un beau résultat aussi l'on s'empressa de crier Gloire et Honneur.

Les étrangers se moquent de nous, mais véritablement il y a de quoi.

Ces messieurs ayant décrété la gloire sur notre ruine, ils se couchèrent tranquillement dans le lit encore tout chaud de l'Empire, démarquèrent son linge, et en avant le « Progrès Moderne. »

La jouissance cette fois, paraissait sans trouble ; l'horizon était pur ; on avait payé 40 millions le silence des petits-fils du rénégat Philippe-Égalité, et le renard héritier du loup de Brumaire, ne laissait pour descendant qu'un petit lapin, qui se fit croquer d'ailleurs par les zoulous.

Restait l'Allemagne, mais il n'était pas possible qu'elle se fâchât avec des hommes qui avaient été si larges, et restaient si complaisants par l'article 11 du fameux Traité. A l'intérieur, on ferait des défilés en costumes de patriotes, des revues de bataillons scolaires, des manifestations de bravaches pour contenter les grincheux, et dame, tout le monde serait content !

Certain matois roublard, néanmoins, leur fit remarquer un jour qu'il y avait en France certaine couche inexplorée dont il pourrait bien sortir certain mâtin à qui il prendrait fantaisie de fourrer le museau dans leur cuisine, et à qui, par conséquent, il pourrait bien prendre une démangeaison endiablée de leur tirer les oreilles.

Le péril une fois reconnu, on imagina un moyen vraiment expéditif pour s'en garantir. Ce fut d'enfermer comme fou, tout individu qui sortirait du programme adopté par eux. — J'ai expliqué comment les maisons de santé sont devenues les Bastilles du « Progrès Moderne ».

Le second article du programme fut de paralyser les forces viriles de la nation, par tous les moyens possibles; semer partout la division, afin de mettre les bons citoyens dans l'impossibilité de se grouper et de s'aider mutuellement; l'initiative individuelle étant une grande force chez nous, la rendre impuissante, au moyen du truc égaliteux. Régner sur des culs-de-jatte, tel est leur rêve. Ils portent grand intérêt à ceux qui falsifient les aliments, car l'anémie et la phtisie pulmonaire, sont pour eux de puissants agents de règne. Les fabriques de vin, ont leur meilleure sollicitude, et s'étalent à plaisir sur notre beau sol français.

Tous les marmitons de la science, et tous les cuisiniers de la politiquaillerie sont mis en jeu.

On a donné au maître d'école un programme afin d'abrutir l'enfant. Nous avons des savants, des puits de science à 10 ans, qui seront de parfaits crétins à 30, leur esprit ayant été forcé et naturellement atrophié. Nos estomacs sont devenus des cornues de chimistes. Les journalistes sont chargés de morphiner nos cerveaux. Les ergoteurs, socialistes et leurs comparses, fomentent des grèves et divisent les citoyens. Les politiciens de première classe détruisent la famille et la Patrie. Et ça va vite!

Bonaparte, c'était le crime! Aujourd'hui, c'est la honte! Demain, ce sera la ruine, un Kropotkine quelconque et après ce sera fini.

L'Histoire dira : Ici, était la France, ici était la Gaule!

Pauvre France! Pauvre Gaule! Ça me fait penser à ces grands chênes que l'on voit étouffés par du lierre, car celui-ci donne bien l'image du latin. Le lierre, en effet, ne pouvant pousser droit vers le soleil, et respirer l'air par lui-même, a besoin d'un soutien, alors il rampe, se traîne, se glisse, s'enroule, s'enlace autour du chêne, et l'étouffe tout doucement pour se nourrir de sa substance, et se faire de son cadavre, un piédestal pour ressembler à quelque chose.

Examinez bien mon latin, en ce moment, et vous verrez combien est exacte ma comparaison. Depuis le 9 Thermidor, époque où il nous a de nouveau posé son grappin, voyez-le, tenez, regardez comme il fait tous ses efforts, pour ne plus se dessaisir de sa proie. Il veut s'incarner en nous, car, il a bien juré de ne plus nous lâcher, cette fois. Pour en arriver là, il ne néglige rien pour se faire bien venir; il sait par expérience, que pour être « gobé » d'un peuple, il faut le flatter. En nous prêchant la fraternité, il se pose comme un frère et nous étouffe en nous embrassant.

Il fait un second pas, en nous prônant l'égalité. Il nous fait considérer toutes nos aspirations naturelles comme des chimères, toutes nos grandeurs comme des folies, et nous rend paisibles avec des mots creux. Il nous fait déserter et redouter la lutte comme un épouvantail, et par ce moyen nous avilit et nous rend capons. Le succès de ses manœuvres s'accentue. Alors, sous prétexte de nous protéger et de nous couvrir, il s'entortille et s'incruste de plus en plus autour de nous. Comme il a déclaré la guerre à toute intelligence, à toute vertu, à toute générosité, parce que le spectacle de ces forces qui pourraient le briser l'inquiète et l'affole, il nous insinue que ce sont des bêtises, de puériles futilités. Son œuvre avance, le chemin se déblaie, il gagne du terrain, il nous a rendus lâches. Toujours prudent, il cache son jeu, et légitime, en quelque sorte, ses plus noirs projets en les déguisant et les revêtant de la formule tant solennelle et désintéressée « Science et Progrès », derrière laquelle il se retranche. Nous nous prosternons respectueusement; lui, il nous étreint. Il appelle de tous ses vœux, et poursuit par toutes ses ressources, la disparition de l'Originalité (1), car il craint l'imprévu, et alors, nous ayant rendus couards, il nous fait entrevoir l'anarchie comme un idéal de béatitude et d'insoucieuse tranquillité individuelle. Car pour lui, c'est bien le triomphe définitif, c'est la fin de la lutte, le terme de ses terreurs et de ses tracas.

Alors, le chêne aura succombé à l'enserrement du lierre, la nation sera au charnier, la France sera morte.

. . . .
. . . .

Le nain est grand sur un cadavre.

. . . .

Le ver est quelque chose sur une charogne.

. . . .

(1) « En présence des grands bienfaits que nous donne la science, qu'importe la perte de notre pauvre originalité. »

Signé : Alfred Naquet.

XII

LA FEMME

Quand une fois le déraillement s'est mis dans les esprits, il ne leur est plus possible de rattraper leur équilibre sans secousse.

J'ai essayé de me rendre compte jusqu'où pouvaient aller des hommes qui passent la jambe aux lois de nature; c'est effrayant.

J'ai démontré comment, depuis le triomphe des Latins au 9 Thermidor, nos traditions avaient été foulées au pied, comment le génie national est traqué et écrasé chaque fois qu'il renaît. — Ce sera avec Géricault, et il sera étouffé par la bande du Romain glaireux David; ce sera avec Pierre Dupont, et il sera immolé par la bande du cafard Hugo, ce grand doreur de lâchetés et d'hypocrisie.

Il faudrait des volumes, pour expliquer le rouage de ces monstrueux pantins.

Ils avaient beau rogner le génie Gaulois sitôt qu'il montrait la tête; il repoussait toujours. Alors ils ont pensé à l'atteindre dans ses deux grandes sources de vie et de conception : la Patrie, la Femme. Et ce qu'il y a de désastreux, c'est qu'ils ont non-seulement l'approbation, mais encore la collaboration de ceux qui devraient se mettre en travers de leurs machinations infâmes. Au nom du Progrès et de la Science, on détruit notre grande industrie; au nom du Progrès et de la Science, on écrase notre agriculture; nos arts et nos industries d'art, se meurent au nom de la Science et du Progrès; notre commerce est tombé au nom du Progrès, et de la Science. On nous conduit à la honte au nom du

Progrès et de la Science; on tue l'idée de Patrie au nom du Progrès et de la Science, au nom de la Science et du Progrès; on a décrété l'avilissement et l'abrutissement de la femme. Nous n'avions pas assez de cuistres et de bateleurs dans l'autre sexe, pour nous diviser, nous paralyser et nous ruiner. Nous avions encore quelques moments pour nous reposer de nos misères, il nous restait encore l'espoir de nous retremper dans le dévouement d'une femme aimée, dans l'amour infini d'une mère.

Car c'est en allaitant l'enfant, ô femme, que tu fais l'éducation de l'homme, non pas en lui apprenant le grimoire de la science ou du dogme, mais en lui prodiguant ces milliers de petits soins et d'attentions, dont une mère a seule le secret, et qui ouvrent son cœur aux sentiments généreux, et préparent sa conception à recevoir les grandes idées.

Quand l'homme a passé l'insouciance de l'enfance, la fougue de la jeunesse, il se trouve bien souvent en présence d'amères désillusions ou de raisons bien dures et bien sèches. C'est à cette époque de la vie que l'homme doit apprendre à se connaître: il faut qu'il se démonte pièce par pièce, et qu'il fasse de lui-même une minutieuse analyse.

Alors, si cet homme a eu une vraie mère, il retournera à son origine, et il repassera toute sa vie. Le moindre détail lui reviendra : cette mère qui aura réchauffé ses petites mains engourdies par le froid, cette mère qui l'aura enveloppé dans sa jupe pour le parer de la pluie ou de la neige, qui aura fait de son tablier, une tente pour le garantir du soleil pendant qu'il dormait et qu'elle travaillait avec le père pour gagner son pain; il reverra tout; depuis les beaux horizons bleus jusqu'au brin d'herbe que la brise couchait sur sa joue, les naseaux humides des grands bœufs, et l'alouette s'élevant au-dessus de lui, en battant l'air de ses petites ailes.

Plus tard, quand le gracieux sourire ou le doux regard d'une jeune fille lui aura révélé son cœur, et qu'il partira résolu et plein de courage pour conquérir une situation digne de l'être si cher, ne fera-t-il pas des prodiges de valeur, n'aura-t-il pas des trésors de courage et de persévérance? L'amour de sa mère est dans son âme; le doux regard et le sourire de sa fiancée sont dans son cœur.

Il éprouvera des déceptions; mais il marchera toujours; il sera frappé par des désillusions, car le sourire et le doux regard de la bien-aimée seront quelquefois un mirage trompeur, mais l'amour de la mère est immense et sa source est inépuisable.

La mère, la femme, la Patrie, sont les trois sources inspiratrices de notre génie national.

Pas d'homme viril, pas de citoyen vertueux, pas de génie, pas de caractère, si ces trois grandes sources sont taries.

Les hommes qui détruisent ces trois grands sentiments n'aiment pas la femme, n'ont pas de Patrie, n'ont pas de mère.

C'est à cause de cela qu'ils sont cupides et lâches. Ils ne vivent que par la matière. Leurs jouissances se mesurent au mètre cube. Ils ont des maisons et des terres, mais ils n'ont pas de pénates; ils ont des femmes, mais ils n'ont pas d'amour; ils n'ont que des appétits, c'est pourquoi ils se blasent.

Leur mère les ont enfantés, mais ils ont sucé le lait mercenaire, ce qui fait qu'ils ont l'âme fermée aux grandes idées de patrie, de vertu et d'honneur, ainsi qu'aux doux sentiments de l'amour.

Tels sont les hommes qui ont inventé les lycées de jeunes

filles, les rond-de-cuir et les cuistres femelles.

Tels sont les hommes qui ont cru élever la femme en l'abaissant à leur niveau.

S'il y a encore en France des femmes, j'en appelle à elles. Dites : Pouvez-vous aimer ces émaciés qui ont fait abnégation de leur dignité d'hommes, ces émasculés qui ont abjuré leur dignité de mâles.

Vous êtes femmes, restez donc femmes; et vous serez adorables, et nous vous aimerons de tout notre cœur; soyez mères surtout, et nous vous adorerons de toute notre âme.

Pourquoi détruire le charme de vos beaux yeux dans des grimoires de cuistres, pourquoi vouloir tacher vos mains et vos chemises avec de l'encre, détruire le timbre enchanteur de votre voix avec des formules saugrenues de Politiciens gâteux, les délicatesses de votre cœur avec des sophismes de doctrinaires bâtards, et fausser votre jugement et votre intuition naturels par des radotages de philosophes ennuyeux et de savants imbéciles.

Soyez femmes, je vous dis, et jetez vos encriers au nez de ces rebouteurs de lois naturelles. — Ils veulent donc tout frelater, ces misérables; il n'y a donc rien de sacré pour eux.

Après avoir détruit l'idée de Patrie, cette source de vie, d'honneur, de génie et de caractère, ils falsifient le vin de nos côteaux, cette liqueur divine qui nous rendait joyeux et bons compagnons.

A cette heure, ils sont en train de dégrader la femme, notre source de vie et d'amour.

Il faudrait vraiment que nous n'eussions plus de sang dans les veines, plus de moëlle dans les os, pour laisser consommer cette œuvre de mort.

XIII

NOTRE ROLE EN EUROPE.

En jetant un coup d'œil d'ensemble sur l'histoire du monde, il est facile de reconnaître que la France a joué un rôle prépondérant en Europe depuis le XIIIe siècle.

Serait-ce à cause de la supériorité de notre race? Les peuples se valent, en somme, ayant chacun leur mérite? C'est principalement notre situation géographique par rapport au mouvement de la civilisation moderne qui nous a créé ce rôle; et c'est certainement cette situation géographique qui faisait dire au Grand Frédéric de Prusse : « Si j'étais roi de France, on ne tirerait pas un coup de canon en Europe sans mon consentement ».

La France est donc le pivot naturel de l'équilibre Européen, le point de ralliement des aspirations modernes.

Frédéric II de Prusse, voyait parfaitement clair dans cette situation, et comptant sur la décrépitude des descendants de Henri IV, il résolut de tenter le déplacement de ce centre, c'est-à-dire de l'établir dans les États Germaniques et il prit comme moyen, l'unité et la soumission des Allemagnes à son empire ainsi que l'abaissement de la France.

La Révolution française coupa court à cette politique, et notre pays reprit alors son rôle naturel.

Les deux grandes figures de cette époque, Danton et Marat, représentent les aspirations de notre race et l'affranchissement des Gaulois.

L'un combat l'ennemi du dehors, le Germain.

L'autre combat l'ennemi du dedans, le Latin.

Le premier tombe sous le couperet d'un émasculé; le

second sous le couteau d'une femme, armée par les dégénérés de Rome.

L'empoisonnement de Hoche, fut le renversement de notre dernier champion révolutionnaire Gaulois; et le 18 Brumaire, César mettait de nouveau sa botte sur les Gaules.

Le 18 Brumaire nous ouvrait une ère de malheur, et ce sera le point de départ de notre décadence et de notre chûte, si nous ne sortons pas, à bref délai, des griffes des ergoteurs et des sophistes, qui nous divisent, nous troublent et nous paralysent.

Il est absolument nécessaire de ne pas attacher trop d'importance à la Révolution. Quatre-vingt-treize ne reste qu'une ébauche, un acte de jeunesse. L'acte viril est à faire. Aurons-nous le souffle nécessaire pour le commettre; c'est ce que nous allons voir bientôt.

Marat et Danton n'ont pas eu le temps d'achever leur œuvre, ils sont morts sur la brèche, c'est à nous de les relever, de les dégager et de les continuer.

Danton représente bien, le grand souffle génial de la Révolution, l'élan généreux et les aspirations larges de notre race; mais il n'atteint pas les sommets, où les détails de parti échappent à l'homme d'État.

Marat est le seul, dans la Révolution, ayant pleinement conscience de son œuvre; le génie lui manque pour motiver largement ses actes, mais c'est bien le fort ayant la consistance dans son idée.

Lui seul avait compris, comme Louis XI et Richelieu, qu'on ne fait pas d'omelettes sans casser des œufs.

Aucun des historiens de la Révolution n'a compris Marat, et pour une raison bien simple, c'est que l'histoire de cette époque n'a été faite que par des doctrinaires ou des hommes de parti.

Marat, tout sanglant, tout monstrueux qu'il est représenté dans les petites histoires anecdotiques, est pourtant l'homme d'État de la Révolution Française. Du reste, tout observateur impartial, peut s'en convaincre. Après sa mort, en effet, la grande manifestation gauloise n'a plus de pilote et manque de guide; elle s'en va à la dérive, les partis se déchirent entre eux, et nous avons plus que jamais le triste spectacle de ces écœurantes luttes qui nous ont conduit où nous en sommes aujourd'hui, c'est-à-dire à deux pas de la ruine.

Le coup de poignard de Charlotte Corday est un des actes les plus importants de notre histoire. Marat vivant, le Rhéteur Robespierre n'aurait pas guillotiné Danton. Et ces deux hommes Danton et Marat, pouvaient mener la Révolution assez loin et fonder la République sur des bases assez solides, pour la mettre à l'abri des fauteurs de coups d'État, car l'un était l'idée, et l'autre était l'action. Lorsqu'il y a des criminels pour violer les lois, c'est qu'il y a derrière eux des lâches et des hypocrites qui le permettent; et ce sont ces lâches et ces hypocrites qui ont fait et qui font que nous pataugeons dans un épouvantable gâchis, depuis le 18 Brumaire. — Tout ce que nous faisons, se retourne contre nous; avec Bonaparte, nous brillons d'une fausse gloire, nous perdons le meilleur de notre sang sur des champs de bataille, et c'est bien sérieusement pour le roi de Prusse que nous travaillons.

L'industrie nous apporte-t-elle son outillage formidable, vite nous nous en servons contre nous. Au lieu de percer le canal des Deux-Mers qui serait pour nous d'une si grande utilité, nous allons percer celui de Suez pour les Anglais, et celui de Panama pour les Allemands et les Américains.

On appelle Grand Français celui qui dirige cette belle besogne !

Décidément, nous sommes de bien bons garçons en France.

Tout ce qui peut nous être utile et profitable, nous l'exportons. Tout ce qui nous est nuisible ou préjudiciable, nous l'importons avec des soins minutieux, et nous appelons ce Jeanjeantisme : faire de l'Humanité !

La science nous apporte-t-elle ses merveilleuses découvertes, nous nous en servons pour atrophier et empoisonner notre race.

Nous sommes pris, comme dans une machoire d'étau. D'un côté les rhéteurs et les savants, de l'autre les égaliteux et les anarchistes.

Les agioteurs serrent la vis.

Sous la monarchie, on brûlait les empoisonneurs. La République les envoie au Parlement pour faire des lois. N'est-il pas vrai, M. Hudes.

Le Dix-Huit Brumaire est donc pour nous le point de départ d'une ère de malheur ; aussi la politique de Frédéric, fut-elle reprise en Prusse, et c'est cette politique qui fait aujourd'hui la force de Bismarck, et qui édifiera sa gloire sur notre ruine, si nous ne nous redressons pas, et si nous ne reprenons pas la politique de Colbert.

.·.

Les ronds-de-cuir, chez nous, font avaler notre déconfiture, en disant que la crise est européenne, et cette assurance suffit à consoler les badauds. — Certainement, bonnes gens, que la crise est européenne ; seulement, vous ne voulez pas, ou vous oubliez de comprendre, qu'elle est engendrée par notre incurie et notre lâcheté. Puisque nous nous dérobons au rôle que nous impose la civilisation moderne, l'équilibre européen, n'ayant plus son centre en France; on cherche, on tâtonne, et le point d'appui sera bientôt en Allemagne. Ces choses-là, croyez-le bien, ne s'accomplissent pas sans crise.

Puisque vous êtes si généreux pour l'humanité, grands hommes d'État de mes savates, donnez donc à Bismarck, nos principaux ports de mer, et vous verrez ce que pèseront en Europe, vos sornettes égaliteuses. Laissez-lui prendre seulement Anvers.

Ah! vous vous êtes imaginé, beaux fraterniteux de mon cœur, que le genre humain se laisserait couper les roupettes comme ça, bien gentiment, sans rien dire.

C'est une erreur, mes petits mignons gentils.

Tôt ou tard, la nature violée reprend ses droits.

L'Allemagne va donc devenir bientôt le centre du monde, et c'est à cette œuvre que l'on travaille en ce moment chez nous, en paralysant et détruisant toutes nos forces. On jabote, en France, on agit en Allemagne. On écrit chez nous mille couillonnades dans des tas de livres et de journaux pour embrenner les esprits et dérouter la droiture des bons citoyens.

Les Germains, eux, se sentent les coudes; la solidarité règne au pays des tyrans.

Chez nous, la fraternité est affichée sur les murs, mais la désunion est dans les esprits.

Quel est le maître aujourd'hui en France, est-ce Grévy ou Bismarck? ce n'est certainement pas M. Grévy.

Nous rejetons toute supériorité, toute autorité, mais nous subissons celle de l'Allemagne, qui est d'autant plus dangereuse aujourd'hui qu'elle est occulte, et sera officielle avant peu, si nous ne sortons pas de notre ornière.

Et ce serait pour ça que Jacques Bonhomme aurait porté sur son dos l'oppression de dix-neuf siècles, et ce serait là la justice réservée à son dur labeur, à sa longue patience et à ses sueurs!!!

Non, cela ne peut pas être! Jacques Bonhomme ne le veut pas. — Jacques Bonhomme a cherché qui était responsable de tous les malheurs qui s'abattent sur la patrie! — Chose étrange, ceux qui commandent, ceux qui dirigent, n'ont pas de comptes à rendre. — Ce sont dans ceux qui obéissent. — Car il y a toujours des responsabilités dans les faits accomplis. — Et, puisque Jacques Bonhomme, simple soldat, est responsable des fautes de ses chefs, puisque lui, qui obéit, supporte le déshonneur qui doit frapper ceux qui commandent, c'est à lui de commander. C'est son droit, c'est son devoir. Le salut de la Patrie l'ordonne; il n'y faillira pas.

XIV

DES LOIS DE NATURE

Il résulte de mes patientes observations, que les savants, les politiciens et les sectaires d'aujourd'hui, tournent la vis aux lois naturelles, et veulent absolument nous imposer des lois de chic. Je m'imagine que ces êtres-là doivent être un composé de cellules qui ne se dilatent pas au contact des effluves terrestres. Ils ont la vue très basse et très courte, c'est ce qui fait qu'ils ne voient que le détail, et point l'ensemble; ils ne voient que l'outil et point l'œuvre.

M'est avis qu'un homme qui jette une épingle dans un charroi de foin pour la faire chercher aux badauds n'est pas un homme bien intéressant,

Chez nous, avant le Progrès Moderne, on eût appelé ça un farceur !

. . . .

Il y a des vérités vieilles comme le monde, qui ont l'air bête comme choux, et dont il ne faut point se départir jamais.

Ainsi, tenez, par exemple ! — Une charrette est embourbée et nous sommes dix hommes à tirer dessus ! Eh bien ! si nous tirons tous du même côté, obéissant à une voix de commandement, nous entraînerons sûrement la charrette et nous aurons fait besogne utile.

Au contraire, si nous tirons chacun de notre côté, n'ayant point d'unité d'action et de commandement, nous n'arracherons pas, ou, si nous arrachons, ce sera des lambeaux de la charrette et nous aurons fait œuvre de destruction.

On a compris chez nous que le droit d'hérédité était dangereux ; ceux qui pensaient ainsi avaient raison. Et j'ai vu moi-même des hommes robustes avoir pour fils des avortons, et des hommes intelligents produire des enfants imbéciles. Mais cela n'attaque en rien le principe d'autorité.

La Révolution a donc bien fait de détruire le droit d'hérédité, qui est un moyen utile pour une race asservissant une autre race, mais qui ne convient pas à un peuple en possession de lui-même. Bien ! très bien ! Mais cela ne veut pas dire que les culs-de-jattes sont beaux danseurs, et que les imbéciles sont supérieurement intelligents.

Il n'y a pas à dire, je n'ai pas la berlue, quand je vois des gens qui ne peuvent lever que deux livres à bras tendus, tandis que j'en vois d'autres lever vingt-cinq kilogrammes.

L'égalité sociale (je ne veux et ne prends que des faits), depuis qu'elle est décrétée chez nous, désagrège, j'en suis sûr, notre tempérament national, et je la supprime pour la remplacer par le principe d'équité, « chacun selon ses moyens et ses capacités naturels. »

Avoir de l'instruction n'est pas suffisant pour être recommandable dans la République franc-gauloise.

Car il y a évidemment, dans notre pays, des gens qui, ayant reçu énormément d'instruction, font ou font faire beaucoup de bruit autour d'eux, pour faire croire qu'ils font de bonne besogne, et qui, malgré cela, n'atteindraient pas aux genoux de certains bonshommes qui ne peuvent pas seulement lire A, mais qui ont l'entendement bien ouvert, et se recommandent par des actes utiles et nécessaires au pays.

L'instruction est une belle et bonne chose comme moyen pour développer et utiliser toutes les forces naturelles, et non comme but pour les paralyser, en créant, comme on le fait depuis pas mal de temps chez nous, des castes d'hommes qui s'imaginent avoir pondu une cathédrale, quand ils ont un diplôme de bachelier, voire même un certificat d'études dans leur poche. Pour ces Byzantins, un homme qui ne sait pas le latin, ni l'heure à laquelle Caligula faisait ses nécessités, ne compte pas. C'est un déclassé.

Au traîneur d'épée, a succédé le traîneur de diplômes, et comme la justice est notre point d'appui, nous sommes obligés de reconnaître que la comparaison n'est pas à l'avantage du dernier. — Car enfin, la noblesse avait une allure de bravoure, payait de son sang, et avait une certaine susceptibilité sur le point d'honneur.

Tandis qu'aujourd'hui, les princes du tremplin académique, les ducs du Doctorat, les marquis de la Licence, les comtes du Bachot, les barons du Brevet, les chevaliers du Certificat, n'ont pour qualités essentielles que le Pédantisme, et pour vertu, la Couardise.

D'ailleurs, n'ont-ils pas pris pour devise : « Gloria Victis ! »

Les traîneurs d'épée nous battaient en nous ruinant.

Les traîneurs de diplômes nous atrophient en nous avilissant.

Nous n'avons vraiment rien gagné au change, et la cause en est bien simple :

C'est qu'on ne construit pas un édifice durable sans avoir établi d'abord des bases solides, sur des fondements bien préparés. L'idée se dégageant du sol, l'éducation sur l'idée ; voilà la base d'une société forte. L'instruction liée à l'éducation, tel est le moyen de construire et d'édifier de grandes choses.

L'action sans l'idée ne produit rien de puissant.

L'instruction sans l'éducation ne produit rien de grand.

L'édifice sans fondations croule.

Les hommes que nous subissons depuis le 9 thermidor ne savent pas ce que veut dire le sens du mot éducation, et pour cause : ils n'ont pas de patrie, ils n'ont pas de mère. Naturellement l'ordre de choses qu'ils cherchent à établir chez nous, n'étant qu'un putrit de tous les peuples et de toutes les époques, se trouve par conséquent être un produit frelaté et éventé qui ne peut prendre racine dans notre vieux sol gaulois.

Leur œuvre n'est qu'un maquillage, un replâtrage perpétuel ; tantôt ils habillent la République avec les vieux oripeaux de la monarchie décadente, tantôt ils coiffent la monarchie, du bonnet de la République, ensuite, c'est le césarisme démocratique, et ça ne marche pas, et ça ne marchera jamais comme ça.

Etant donné leur état d'abâtardissement, ces faiseurs cherchent tout naturellement à nous servir comme modèles, la décrépitude ou les sottises des autres époques et des autres peuples ; ainsi, au lieu de nous rappeler les souvenirs de la grandeur de Rome et d'Athènes, ils nous servent, cette année par exemple, à l'Académie des Beaux-Arts de la République française, un nommé Claude se conchiant dessus ses mollets pendant que ses camarades assassinent Caligula, afin que ledit Claude puisse coucher avec la femme de l'autre et être empereur de Rome. Enfin, ils ont essayé de tous les trucs possibles, et ça croule toujours ! C'est que chez nous et avec nous, la République ne sera jamais ni athénienne, ni romaine, pas plus qu'anglaise, américaine ou allemande, elle sera française, fille des Gaules, ou elle ne sera pas.

C'est clair et net que la République monarchico-gréco-romano-anglo-america-allemando-abâtardimus, couchant dans le lit de la Marianne Gauloise, avec des escouillés, ne peut enfanter que des avortons ou des fœtus glaireux. On voit des circonstances où des tempéraments de bonne trempe procréent des êtres chétifs ; mais il n'y a pas d'exemple que l'union d'anémiques, ait produit des sanguins robustes.

Et je déclare que ceux qui ne voudront pas le croire, sont des imbéciles, fussent-ils savants ou empereurs.

Je crois que lorsqu'un homme veut savoir où il va, il doit apprendre d'où il vient, et s'il sent couler sa pisse et qu'il veuille faire acte ou œuvre, il doit s'inspirer des faits et des œuvres de l'histoire, mais comme exemple et non comme modèle, car il est impossible de marcher à côté de quelqu'un ou de passer devant, quand on le suit par derrière.

Les hommes d'État et de Science que nous possédons ou qui nous possèdent, aujourd'hui, ne comprennent pas ces choses.

C'est pourquoi ils nous introduisent de plus en plus des lois et des coutumes exotiques.

Les mœurs grecques et les lois de la Rome bâtarde font un pot-pourri du tonnerre de Dieu avec l'organisation militaire allemande, le maître-d'écolisme germanique et la musique de Wagner, avec les lycées de jeunes filles de la patrie d'Edison et le métropolitain britannique. On importe toutes sortes de choses nuisibles, voire même de la trichine, sous l'étiquette du « Progrès moderne » et tout ça pour faire ressortir certains galbes de pantins parlottiers ou favoriser certains gros intérêts. Enfin, ils taillent et rognent nos traditions avec un sans-gêne qui n'a d'égal que l'imbécillité avec laquelle nous avalons leurs couleuvres. Je connais même des gens « très instruits » qui m'ont soutenu que la perte de notre originalité était un bien, et que c'était vraiment une belle chose que de faire du vin sans raisin.

Je crois qu'il n'y a rien à répondre à ces malheureux, si ce n'est de leur botter le cul.

. . . .

∴

Pascal disait : « Vérité en deçà des Pyrénées, erreur au delà ». Pascal avait raison.

Il est donc grand temps de s'entendre!

Asseyez-vous donc, messieurs les savants, et m'écoutez :

Chez nous autres, Francs-Gaulois, un chat n'est pas autre chose qu'un chat, et nous en sommes bien sûrs. Nous sommes bien convaincus que les carpes ne pousseront jamais dans la paille, pas plus que les aigles ne croîtront dans la vase, que si on veut avoir des choux, il faut sacrifier les chenilles, que le meilleur moyen de guérir l'anémie et la phthisie pulmonaire, ces deux grands fléaux de notre siècle, c'est d'empêcher la falsification des aliments en châtiant les falsificateurs et, avoir une organisation sociale, permettant aux tempéraments sains et bien trempés de faire des enfants.

Que pour guérir la rage, le plus sûr moyen est d'empêcher le chien de mordre, et que pour détruire le phylloxera, il faut planter des jeunes vignes dans des terrains neufs pour elles.

Que ceux qui se baignent dans l'atmosphère des Gaules et boivent le vin des coteaux français, ne penseront jamais comme les Lapons et les Esquimaux qui boivent de l'huile de foie de morue.

Et enfin, que l'idée de patrie est loi de nature, et je déclare, moi, Jean Baffier, berrichon de naissance, que quiconque le nie est un lâche, un bâtard ou un couillon !

Donc, la fraternité des peuples et l'égalité sociale sont des rêves creux, qui ne peuvent hanter que les crânes vides de citoyens foirards, ainsi que les cerveaux caducs de savants ou de philosophes convaincus d'impuissance.

Je crois que, par rapport aux divers degrés de civilisation, un peuple est comme un homme relativement aux diverses phases de sa vie ; il a son enfance, son adolescence, sa jeunesse, sa virilité, sa vieillesse, sa décrépitude, sa mort.

Il y a des peuples qui meurent enfants, d'autres qui succombent jeunes, d'autres qui atteignent la virilité, — L'État Républicain n'est réservé qu'aux races robustes. — Pour constituer une République forte, puissante, il faut des vertus et du désintéressement, et pour avoir la vertu et le désintéressement, il faut faire régner l'Équité et la Justice.

Les vieux de la Révolution, ne prévoyant pas la sinistre farce des hommes de science, étant d'ailleurs influencés par les philosophes de la fin du dernier siècle, race de logiciens étroits, entachés de latinisme, n'ont pas eu le temps de poser solidement les bases de la République Franc-Gauloise, ils les ont seulement indiquées.

Ce qui fait qu'il y a eu en France, depuis la mort de Marat, place pour toutes espèces de Républiques, de Monarchies, d'Empires, de Constitutions et de Lois, de rêves creux et de doctrines nuageuses, enfin tout, excepté une Constitution et des Lois vraiment Francs-Gauloises. — C'est pourquoi j'ai dit que Quatre Vingt-treize restait une ébauche, un acte de jeunesse, mais qui nous a bien donné néanmoins la mesure de ce que nous pouvons faire, si nous ne sommes pas des galleux.

Il est certain que la masse humaine se travaille comme la terre ; on cultive une nation comme on cultive un champ, ni plus ni moins. Il y a les semeurs d'idées, comme il y a les semeurs de blé.

Si le laboureur de terre est impuissant ou paresseux, l'ivraie mangera le bon grain ; si le laboureur de peuples est paresseux ou impuissant, l'hypocrisie et la cupidité, mangeront la vertu et le désintéressement. La couardise et l'ignominie dévoreront le courage et la loyauté.

Philippe-Auguste, Étienne Marcel, Louis XI, Richelieu, Marat et Danton sont les vigilants laboureurs de peuples de notre histoire.

Jean-le-Bon, Charles VI, Louis XV, Louis XVI et Grévy, dit Brave-Homme, sont de tristes cultivateurs, qui laissent croître et même favorisent par leur nullité et leur ramollissement la mauvaise graine, l'ivraie humaine.

XV

UNE GRANDE VÉRITÉ ÉGARÉE DANS UN JOURNAL

« Nos Pères nous ont appris à bien dire, et nous savons ce

que cela coûte. Apprenons à nos enfants à bien faire, et ils verront ce que cela rapporte. »

Signé : Thomas Grimm,
21 juin, 1886.

Voilà une fière vérité ! — Depuis quinze ans que je lis des journaux et des brochures, que j'entends des discours et des conférences, c'est la seule vérité vraie qui s'impose à mon entendement.

J'ai dit, quelque part, que dans tous ces charrois de brochures et de livres que l'on imprime chaque jour, ainsi que dans les discours et les conférences à la mécanique, il n'y avait pas un mot, écrit ou dit à point, duquel on puisse faire jaillir un fait utile au pays ! Je fais amende honorable aujourd'hui à vous qui vous cachez sous un pseudonyme et grandissez sans le vouloir le *Petit Journal*. Vous venez de condamner la presse actuelle, ainsi que tous les phraseurs byzantins ridicules qui l'exploitent. Et vous avez fait là une belle et bonne chose, Monsieur, je vous en réponds, allez ! J'ai entendu dire à mon grand père, il y a longtemps de celà, qu'il fallait qu'un homme ne soit pas bête du tout, pour reconnaître qu'il avait fait des bêtises. Je n'avais point encore bien saisi toute la portée de cet aphorisme ! Monsieur Thomas Grimm, vous venez de m'en donner la clef, et je vous en remercie grandement !

Il y a quinze jours, j'étais assis sur un banc à la porte de mon cotterie La Prudence. Je le complimentais à propos d'un superbe escalier de pierre qu'il est en train d'exécuter avec grand'peine.

Et il me disait : « Crois-tu que ce soit malheureux tout de même, après tant de mal que je me suis donné pour ouvrir cette carrière ! dire que je vais être obligé de l'abandonner peut-être! ça ne peut plus marcher comme ça! Nom de Dieu! de bon Dieu!

Son fils débouchait au tournant d'un chemin: un beau luron de dix-huit ans. — « J'étais si content, dit la Prudence, mon gâs aurait continué ça, et ça aurait pu devenir quelque chose! Mais, ouiche, est-ce que je sais seulement si je pourrai en faire un homme? Sais-tu que c'est difficile, de faire un homme! Je parierais que tes journalistes et tes faiseurs de discours ne s'en doutent point. »

Pends-toi! la Prudence! en voilà un.

« Nos pères nous ont appris à bien dire, et nous savons ce que cela coûte! Apprenons à nos enfants à bien faire, et ils verront ce que cela rapporte. »

Signé : Thomas Grimm,
Lundi 21 juin 1886.

XVI

CONCLUSION — MA PATRIE!

J'aime ma patrie comme j'aime ma mère!

Vous dites : préjugé, soit! Mais préjugé grand! je vous l'assure, et j'y tiens!

Ma patrie! Je ne sais définir cela! Ce sont mes joies et mes douleurs! ce n'est rien pour vous peut-être, mais pour moi c'est tout.

C'est un rayon de soleil entre les branches des chênes; c'est la goutte de rosée! — C'est le chant du rossignol c'est le cri du hibou! C'est une matinée de printemps! C'est une belle nuit d'étoiles. C'est le pressoir et le bon vin qui pétille dans mon pichet. — C'est la vieille maison du père couverte de neige! — La place ensoleillée où l'on danse au son de la musette. — C'est le regard de la belle fille, qui me fait chaud au cœur. — C'est l'église du village, le son des cloches qui recueille ma rêverie ! C'est le cimetière ou dorment les vieux. — Le morne dolmen dont on a saint respect. — Les ossements des guerriers du vieux temps, que l'on découvre en labourant la terre. C'est le coin où l'on a aimé, où l'on a souffert, où l'on a souffert surtout.

Tout ça, c'est ma patrie, et j'aime tout ça d'amour !

Et vous avez sali, flétri tout cela, traîtres, impuissants et lâches.

Mille millions de tonnerres de Dieu ! mais je serais un lâche aussi, moi ! si je laissais faire les autres.

∴

J'ai dit précédemment que l'homme, après avoir passé l'insouciance de l'enfance, et les fougues de la jeunesse, se trouve bien souvent en présence d'amères désillusions, ou de raisons bien dures et bien sèches. — J'ai dit que si cet homme a eu une vraie mère, il retournera à son origine et repassera toute sa vie, afin d'en extraire l'enseignement qui le soutiendra et qui lui inspirera le courage et l'espoir !

Ce qui s'applique à l'homme, peut et doit s'appliquer au peuple !

∴

J'ai vu mon sol flétri par ceux qui devaient le faire respecter ; moi-même, j'ai été découragé et désillusionné par des hommes qui ont trompé salement ma confiance, en se moquant de moi ?

Que fallait-il faire ?

Me tuer !

Jamais, à moins que l'intérêt de mon pays ne l'exige.

Il restait la lutte, donc l'espoir !

Alors, je suis descendu en moi-même, et je suis retourné à mes origines ; et quand j'ai comparé mes députés actuels, à ceux que mes ancêtres envoyèrent, jadis, à Alexandre de Macédoine, j'ai reconnu bien vite que ceux d'aujourd'hui, ne sont point de ma race !

Non ! cela n'est pas possible, que ceux qui disaient à Alexandre le Grand : « nous ne craignons que la chûte du ciel », soient de même sang que ceux qui tremblent devant la compromission des appétits choisis de leur ventre, et des besoins raffinés de leur cul !

Ah ! Ah ! je comprends à présent, pourquoi nos grands aïeux sont méprisés, et passent pour des voleurs ou des buveurs de sang humain. Je comprends pourquoi les écrivassiers et poëtaillons de notre époque veulent dérouter notre bon sens avec des idées creuses qui nous amolissent et nous troublent, en nous donnant comme modèles des êtres fadasses, des patriotes exotiques et des tempéraments de baudruche.

Arrière ! Héros de carton. — Caractères de beurre frais. — Héroïnes en jujube. — Vénus de saindoux.

Place aux ancêtres. — Place au Brenn ! — Place à la Velléde des Gaules, à la Thul, druidesse des Celtes.

.˙.

Ensuite, j'ai examiné toute cette période de notre asservissement, et j'ai consigné tous les faits qui m'ont servi à démontrer comment le Latin est notre ennemi, comment nous lui échappons, et comment il nous reprend toujours ; comment, par quelle suite de fourberies il nous tient encore ; cette fois, sa victoire sera complète, si nous laissons passer la dernière occasion qui nous est offerte, de nous ressaisir.

Notre dépérissement va grand train, et la domination latine s'accentue d'autant. Car nous avons mis bêtement entre les mains des Latins un outillage formidable qu'ils manient admirablement pour nous réduire, et qui nous annihilera avant peu. Je veux parler de la Science et de l'Industrie modernes, qui sont bien de nous, car je défie qui que ce soit, de trouver dans leur caste, depuis l'abâtardissement de Rome, un seul génie créateur.

∴

Ne pouvant rien changer aux actes qui nous précèdent, j'ai fait de mon mieux pour les dégager impartialement, en suivant pas à pas, notre évolution pénible à travers les Latins. J'en ai déduit des conséquences et des enseignements qui me permettent aujourd'hui de synthétiser nos aspirations nationales, et de soumettre à mes concitoyens les bases de la République Franc-Gauloise.

La Justice m'ordonne de considérer le Franc, comme un associé, et je lui rends ce qui lui appartient dans le passé, dans le présent et l'avenir. C'est lui qui a fait l'unité de mon pays; il a ainsi contribué à sa grandeur!

Son œuvre est faite, je l'admire. En le prenant comme exemple, je l'honore!

∴

J'entends rabâcher chaque jour, que l'Industrie et la Science tuent nos traditions ? — Ce n'est pas vrai, cela; ce sont certains hommes qui les tuent. Car ceux-là savent par expérience, qu'avec l'outillage merveilleux que nous donnent ces deux grandes forces, basé, au contraire sur nos traditions, nous sommes capables de faire de grandes choses.

Alors, ces avortons ne pouvant pas par eux-mêmes nous

tenir en tutelle, ont la roublarde canaillerie de retourner contre nous nos propres forces, en criant bien haut que c'est dans notre intérêt. Et, ce qui est déplorable, c'est que nous n'y voyons goutte. Ce qui prouve bien que nous sommes réellement un peu godiches, et qu'il faut absolument nous habituer à faire attention, non à ce que dit un homme, mais à ce qu'il fait. Partant de ce principe, on sera tout étonné de s'apercevoir que les croquants que nous subissons sous toute espèce de nom, depuis le 9 thermidor, ne sont que des drilloux.

∴

Je considère que la Science et l'Industrie modernes sont de beaux outils, mais à condition qu'ils ne tendent qu'à l'intérêt général du pays.

Le contraire se pratique en France, à peu près dans toutes les branches d'exploitation occulte et indirecte. Les institutions protègent les parasites ou les coquins; la liberté et l'égalité ne profitent qu'aux empoisonneurs, aux usuriers et aux escrocs. Le citoyen utile est bafoué, et systématiquement persécuté.

On en est même arrivé à professer tout haut, cyniquement, le chacun pour soi. — Vous qui dites et pratiquez égoïstement cette maxime, y avez-vous bien réfléchi? Vous rendez-vous un compte exact, des conséquences désastreuses, qu'entraînerait votre système, s'il était appliqué par tous les Français?

L'intérêt personnel bien compris, exige du citoyen de grands sacrifices en faveur de l'intérêt général, car lorsque celui-ci se trouve, au contraire, sacrifié à l'intérêt individuel c'est la ruine totale à courte échéance. Il y a donc solidarité entre ces deux intérêts.

Depuis que la fraternité est décrétée chez nous, le citoyen est dans l'isolement le plus complet.

Espère-t-il que ses actes ou ses œuvres doivent profiter à la puissance et à l'intérêt de la Nation? c'est un homme perdu, condamné sans appel, à se débattre dans le vide! Et s'il a l'imprudence de vouloir travailler à la grandeur de la patrie, on le traite de fou.

Ceci est grave, très grave! Non seulement l'Etat ne bénéficie pas des sacrifices du citoyen, il refuse encore d'utiliser ses capacités. Au lieu de le protéger, il le décourage à tout jamais, en paralysant son initiative, et en lui enlevant jusqu'à ses moyens de défense instinctifs; enfin, il met en jeu contre lui, un rouage social tyrannique, et un outillage de lois homicides. De sorte que l'homme laborieux ne reçoit pas justice de son labeur, et la simple satisfaction de produire, lui est même retirée.

∴

Messieurs les hommes instruits, savez-vous qu'aujourd'hui, en France, tout homme laborieux est sans sécurité dans le présent et sans espérance dans l'avenir!

Savez-vous que vous détruisez toute intelligence, tout désintéressement et tout dévouement, que vous paralysez le génie national et que vous menez l'Etat à la ruine.

Voilà où vous nous conduisez, beaux diseurs, économistes et socialistes savantissimes!

∴

Sachez donc qu'il n'y a qu'un moyen de résoudre la question sociale, c'est l'application du principe : JUSTICE.

.·.

Dans n'importe quel Etat, monarchique ou républicain, ce qui engendre la prospérité et la puissance d'un peuple, c'est l'esprit d'équité, qui sert à apprécier la valeur de chacun. Car l'équité élève les forts, protège les faibles et réduit les agioteurs, cette ivraie de l'humanité. Par son influence vivifiante, elle inspire une émulation profitable à tous. Alors les gros intérêts sont précisément les intérêts de la nation. Mais cette tâche, ne peut, à coup sûr, être remplie que par des hommes d'Etat désintéressés! Tels furent Sully et Colbert, qui employèrent leur esprit d'équité à encourager les hommes d'initiative; c'est ce qui explique la grandeur et la richesse du pays, sous l'administration intelligente de ces deux ministres.

Aujourd'hui, il n'y a plus un seul homme de pouvoir capable de faire régner la justice, par ce qu'il n'y a plus que des saltimbanques politiques, qui ont sacrifié les intérêts sacrés de la nation, à leur intérêt personnel. Et voici ce qui se produit : le fort est paralysé; le faible est sans défense ; l'agioteur seul prospère, et naturellement l'espèce n'en fait que croître et embellir.

On obtient une égalité purement illusoire, et c'est au détriment de ceux-là mêmes, que l'on prétend servir. Il n'est pas possible qu'un pays prospère, avec ce principe, que ceux qui ont bonne santé, s'atrophient pour être au pair avec les anémiques. — Ce sont au contraire les faibles qui doivent chercher à égaler les forts, car ceux-ci ne sont plus gênés pour atteindre leur plein développement. Et comme tout homme heureux tend toujours à être juste, le faible reçoit à son tour justice. Le faible se rend utile dans la mesure de ses moyens ; sa bonne volonté est égale à celle des forts, et il a, de plus, droit à leur appui. — Alors le pays prospère, puisqu'il bénéficie de toutes les forces et de toutes les volontés, dans leur développement naturel !

. . . .

∴

Depuis Marat et Danton, la France n'a pas eu d'homme d'État, et elle n'en aura jamais, avec le mode de recrutement des pouvoirs publics que vous pratiquez aujourd'hui car vous ne favorisez que les hommes d'intrigue, ce qui fait que notre État politique n'a ni fondement ni stabilité, et que la nation se trouve livrée aux partis qui la déchirent et l'usent.

Quand on voit des hommes obligés de s'attaquer aux véritables forces d'un pays, pour faire ce qu'ils appellent leur fortune politique, c'est triste.

On peut dire qu'une telle situation est grave !

Telle est la nôtre actuellement.

∴

Le mal, je l'ai montré ; j'en ai cherché le remède, je l'ai découvert, je l'apporte, je l'appliquerai.

Le voici :

Réduire l'ennemi du dedans, je le connais.

Chasser l'ennemi du dehors, celui-là est connu de tous.

Donner à la patrie une Constitution et des Lois en rapport avec son climat et ses aspirations naturels.

Telle est la ligne de conduite que je poursuis, puisque ceux qui devraient agir, se dérobent.

∴

La monarchie n'est plus possible en France, je l'ai démontré.

Il n'y a place que pour la République, mais pour une République plantée dans notre sol, et ayant sa base dans l'équité naturelle de notre tempérament national.

La France, épuisée par les hommes d'intrigues, ne peut se retremper que dans son terroir et dans ses origines.

L'esprit de parti doit disparaître à jamais. Nos institutions doivent être hors de toute discussion ; notre emblème national, accepté de tous. C'est pourquoi nous prenons comme drapeau : *le jaune*, couleur de nos épis mûrs, *le rouge*, couleur du jus de nos vignes, *et le vert*, couleur des prairies qui nous donnent la chair. Et nous ferons chanter l'alouette gauloise, au-dessus de cet étendard de la patrie régénérée.

Les aïeux, le pain, le vin et la chair, sont choses sacrées dans la République Franc-Gauloise.

∴

Je remonte donc à mes origines. Je m'inspire des vieux ; mais je les prends comme exemple, et non comme modèles. Les vieux m'ont servi comme point d'appui, pour trouver et dégager l'enseignement de l'histoire pour l'avenir.

A la base, je rencontre des types à franches allures, qui s'appellent les Bellovèse, les Sigovèse et les Brenns. Et plus haut, ces grands rénovateurs qui sont Philippe Auguste, Etienne Marcel, Louis XI, Sully, Richelieu, Colbert, Danton, Marat.

Le sol de notre Gaule, qui fait notre tempérament Gaulois, nos instincts de race qui nous avertissent, nos ancêtres qui nous guident, telles doivent être les assises de la République Franc-Gauloise, qui a, pour lois fondamentales :

L'Unité, qui est la force,

L'Équité qui est le point d'appui,

La Justice qui est le levier.

Notre devise à nous Francs-Gaulois, tient en ces trois mots : Unité ! Équité ! Justice ! En l'imposant à notre politique, nous redevenons le pivot de l'équilibre européen, le centre des aspirations modernes.

Nous avons dans notre pays, des forces vives, qui peuvent régénérer notre race, une situation exceptionnelle qui s'impose à l'Europe, et nous assure son respect sur terre et sur mer.

Avec le précepte « pas de conquête », et la mise en action des trois principes : Unité ! Équité ! Justice ! nous pouvons être le peuple le plus fort et le plus puissant du monde !

Tel est le rôle que la nature, notre histoire et nos aspirations nous désignent.

Tel est l'héritage que nous lèguent ceux qui nous ont affranchis d'un asservissement de dix-neuf siècles ; acceptons-le, nous ne pouvons plus désormais nous y soustraire sans abdiquer nos droits d'hommes, de citoyens et de Français.

C'est pour cette œuvre que je vais agir et combattre.

Je n'ai pas un soldat, pas un sou vaillant !

J'ai plus : une idée ! une volonté !

Je veux !, je peux !

∴

Hier, je me sentais défaillir ; aujourd'hui, je vis et j'espère ; et si, dans la lutte que j'entreprends, je suis vaincu, moi et mes compagnons, l'Histoire nous devra au moins une petite pierre, avec cette inscription :

« Ici reposent les derniers enfants de la Gaule ! »

∴

Officiers et soldats Français,

Gardiens et défenseurs de l'honneur national, la Patrie est

déshonorée, et vos épées sont au fourreau !

Pourquoi ?

C'est que de vils intérêts priment l'intérêt de la nation et paralysent les forces du pays. C'est qu'il y a des lâches qui préfèrent l'affront à la lutte !

Deux de nos provinces restent au pouvoir de l'ennemi ! Vous êtes le dernier espoir de la France ; vous ne faillirez pas à votre mission ! La Patrie a confiance en vous !

En vain, la bave des impuissants a-t-elle essayé de ternir votre valeur ; en vain les nains et les valets vous ont-ils abreuvé d'humiliations et de calomnies ! Le pays se souvient des guerriers qui ont versé leur sang, pour lui épargner la honte !

Il faut que justice soit faite, et que la nation retrouve l'honneur !

Vous acclamerez la devise de la France, régénérée dans son terroir et dans ses origines ! Vous laisserez passer la Justice de Jacques Bonhomme, vous saluerez les couleurs de notre sol, le drapeau de la Gaule, l'alouette de votre ancêtre Vercingétorix !

Vous ferez encore une fois respecter le droit et l'honneur, afin que la Patrie ressaisisse sa grandeur et sa prospérité.

Souvenez-vous que la France eût péri, si Dunois n'avait pas obéi à Jeanne Darc !

XVII

LE REMÈDE

Nos Pères nous ont appris à bien dire, et nous savons ce que cela coûte ; en effet, cela coûte, le bien dire et le paraître ; ça coûte à la nation plus de vingt milliards de dette, la perte de notre prépondérance en Europe, la ruine de notre industrie, de notre commerce et de notre agriculture; la décadence de nos arts, le dépérissement de notre race, le démembrement de la France, et encore un peu, cela nous coûtera notre existence de peuple.

Apprenons à nos enfants à bien faire, et ils verront ce que cela rapporte! Oui, très-bien! Mais pour apprendre à d'autres à bien faire, il faut commencer par bien faire soi-même.

En conséquence, à la place de bien dire et paraître quelque chose, nous allons mettre : bien faire et être quelqu'un. Voilà le remède!

∴

Dans une machine, plus le mécanisme est simple, moins le rouage se dérange, et mieux la machine fonctionne.

Dans une nation forte, chez un peuple en possession de lui-même ; dans un pays où tous les hommes sont membres contractants dans l'État, il faut un rouage gouvernemental très simple, qui puisse être efficacement manié par tous.

Autrement, le citoyen, ne pouvant agir par lui-même, se trouve à la merci de l'intrigue et de l'ergotage, et offre une proie facile à tous les accapareurs de peuples. De là, l'inquiétude, l'afollement, la ruine et la honte.

∴

Le christianisme, qui a prétendu nous gouverner, n'est pas entièrement en rapport avec nos idées, il a pris racine chez nous, savez-vous comment ? Par un petit livre qui résume les milliers d'ouvrages des savants docteurs du dogme. Pourquoi n'aurions-nous pas notre catéchisme à nous?

Pourquoi ne ferions-nous pas tenir notre code en quelques pages. Je ne sais pas au juste combien il y a de milliers d'articles de lois, mais je sais très bien qu'un citoyen pour qui j'aurai travaillé, trouvera parfaitement moyen de ne pas me payer mon salaire, s'il lui en prend fantaisie, grâce à notre organisation judiciaire. Ce qui fait que la race des Chatsfourrés, florit plus que jamais, sur le sol Gaulois; et Grippeminaud rend la Justice avec des formules assez élastiques, pour donner lieu à plusieurs interprétations contradictoires, de sorte que, selon son gré ou son intérêt, il donne raison au coquin, et moleste l'honnête homme. Et naturellement, la race de ce dernier se perd et s'amoindrit, d'autant que l'autre gagne.

Il faut donc que notre code soit synthétisé; pour cela, il faut l'épurer dans un bon creuset et en extraire toute la matière précieuse, la substantifique moelle.

Nous avons le creuset : l'idée.

Unité! Équité! Justice!

1º Unité : unité de patrie, unité de pouvoir, unité de but, unité d'action.

2º Équité : appréciation exacte de la valeur individuelle des citoyens. Place à chacun suivant ses moyens et ses capacités naturels;

3º Justice : Justice rendue à chacun selon ses œuvres.

∴

Il nous faut le concours d'hommes intègres, aimant la Patrie et la justice; d'hommes sachant bien discerner et bien faire. Nous sollicitons le concours de toutes les bonnes volontés, au nom de la République Franc-Gauloise!

Il nous faut un pouvoir fort, pour que ses lois soient respectées, au-dedans comme au-dehors; un gouvernement robuste pour que la nation recouvre son prestige, sa prospérité et sa puissance.

Ce pouvoir, le voici : *Constitution de la République Franc-Gauloise. Unité, Équité, Justice.*

UNITÉ, POUVOIR EXÉCUTIF.

1º « La nation a un chef responsable, qui a pour titre Justicier des Gaules ;

2º « Le pouvoir n'est pas un honneur, c'est une charge publique ;

3º « Le Justicier est nommé pour dix ans ; il n'est pas rééligible ;

4º « Le Justicier nomme lui-même son conseil d'action ;

« 5º Si le Justicier est un homme riche, à sa sortie du pouvoir, sa fortune revient de droit à l'État, la nation lui devant assistance pendant le reste de ses jours ;

6º « Les citoyens doivent obéissance au Justicier durant son pouvoir. Ils ne lui doivent hommage qu'après sa mort. »

ÉQUITÉ. — GRAND'CONSEIL D'ÉQUITÉ.

1º « Le Justicier des Gaules est nommé par le Grand'Conseil d'Équité de la République, qui a cette mission spéciale. Ce conseil est nommé lui-même par le suffrage de tous les citoyens, et se compose de deux membres par département : un paysan et un citadin ;

2º « Dans la République Franc-Gauloise, le pouvoir étant une charge, il est nécessaire, dans l'intérêt de l'État, qu'il soit octroyé au plus fort. Le Grand-Conseil d'Équité, devra donc soigneusement veiller à choisir comme chef, un véritable type de race, aimant le bon vin, ayant bonne tête et bon cœur, un estomac digérant bien les aliments, et un cerveau concevant bien les idées ; un homme de synthèse plutôt que d'analyse, ayant bonne santé de corps et d'esprit ; en un mot un homme *simple, énergique* et *loyal,* aimant sa patrie grandement. »

JUSTICE. — GRAN'DCONSEIL DE JUSTICE.

1° « Le Grand'Conseil de Justice est nommé également par le suffrage de tous les citoyens; »

2° « Il est composé de deux membres par département, pareillement au Grand'Conseil d'Équité; »

3° « Il est renouvelé tous les ans, et ses membres ne sont point rééligibles; »

4° « Il a mission de contrôle près du pouvoir exécutif, et de sanction pour les lois et décrets du Justicier. »

XVIII

QUELQUES MOTS D'EXPLICATION.

Les forts en thème se gausseront de mon idée, mais je me soucie de leur opinion à peu près autant qu'une carpe se tabuste d'un écu.

∴

Avec le principe d'Unité, je concentre les aspirations et les résultats, pour contribuer à la Force, à la Puissance et à la Gloire de l'État.

Par le principe d'Équité, j'apprécie et je provoque les moyens de produire, afin que chaque intelligence et chaque initiative puisse se livrer à son attraction naturelle et atteindre son plein développement, en ayant toujours en vue la grande ligne de conduite : unité de but.

Par le principe de Justice, j'inspire à tout homme laborieux, une émulation vigoureuse, j'encourage tout homme utile, en lui tenant compte de ses efforts, selon son œuvre.

∴

Si je supprime les Assemblées constituante et législative, c'est qu'il m'est surabondamment démontré qu'elles sont impuissantes à faire des Constitutions et des Lois. Et cela, pour une raison bien simple, qui tombe sous le bon sens. Les assemblées délibérantes ont été de tout temps et seront toujours menées par des intrigants qui promulguent ou abrogent des lois, sans autre but que de faire ressortir leur personne, et servir leurs appétits ou leurs intérêts.

Du reste, à quoi bon m'appuyer sur des arguments, tandis que je puis me baser sur l'expérience des faits accomplis. Depuis 89, nous avons eu en France, une dizaine d'Assemblées parlementaires, et le pays n'a, à l'heure actuelle, ni Constitution viable, ni Lois utiles, qui puissent lui donner la confiance et la sécurité.

En donnant au chef de l'Etat le pouvoir de légiférer, je suis sûr qu'il n'en usera que dans l'intérêt de la nation, puisque sa situation, sa responsabilité et le contrôle dont il est l'objet, l'obligent au désintéressement.

∴

Je remplace les ministres actuels, sorte de pantins représentatifs à horions, par de simples commis, mais des commis obéis, respectés de tous et responsables devant le chef de l'Etat, et devant la Nation.

L'absurdité des principes actuels, plus encore que la mauvaise volonté des hommes d'aujourd'hui, nous mène au gâchis.

Car je suis bien certain que Rouvier, par exemple, aurait été un excellent commis d'Etat aux Finances ou au Commerce, tandis qu'il n'a jamais été et n'aurait jamais pu être autre chose qu'un ministre parlementaire impuissant.

Mêmement, le vieux Freycinet aurait été un bon commis d'Etat aux Travaux Publics, tandis qu'il n'est et ne sera jamais qu'une vieille couille-molle de ministre représentatif.

Et puis, comment voulez-vous qu'un ministre, même doué de génie, puisse produire, avec un ordre de choses tel, qu'il emploie une moitié de son temps à se demander anxieusement s'il ne sera pas renversé le lendemain, et l'autre moitié pour ce que l'on appelle la représentation officielle, sorte de cérémonial inutile, qui ne peut convenir qu'au luxe monarchique.

Bref, je n'ai pas la prétention de faire de la littérature ; je ne veux point et n'ai point le loisir d'écrire des volumes, pour m'expliquer davantage : j'ai dit et je répète que ce que j'avance est le résultat de très laborieuses et de très sérieuses études, l'appoint d'un apprentissage d'homme qui a été dur, le fruit d'observations constantes, ainsi qu'un but fixe, une idée consistante, l'amour de mon sol, et une persévérance de volonté à toute épreuve.

Je pourrais citer à l'appui de ma thèse, les plus grands noms, depuis Lycurgue et Dracon, jusqu'à J.-J. Rousseau ; je me contente d'appeler l'attention et de solliciter le concours des hommes intelligents et justes, des vrais savants et des caractères énergiques, afin d'édifier et de compléter l'idée que j'apporte.

En conséquence, les citoyens Français qui adhèreront à la République Franc-Gauloise, sont priés de m'écrire à mon domicile, à Paris, 6, rue Lebouis.

JEAN BAFFIER.

FIN DU RÉVEIL DE LA GAULE

A LA JEUNESSE

PAR ÉMILE ORLÉANS

Jeunesse égoïste et indifférente, issue d'une race énervée et malade, telle est la génération responsable de l'avenir de la patrie, et chargée de défendre ses intérêts les plus sacrés, aux jours de la lutte suprême.

On ne s'en douterait vraiment pas.

L'Histoire dira de ces jeunes gens sans cœur et sans passions généreuses : « Ils virent, sans douleur, périr leur patrie, et ne tentèrent pas un effort pour la sauver ».

Pendant qu'à Berlin, on se prépare à nous anéantir, les jeunes Français, enrégimentés sous le matador Déroulède, qui leur fait croire que Bismarck le redoute et le prend au sérieux, se figurent que leurs Sociétés de Gymnastique, font trembler le vieux Germain. Et il n'ont pas crainte, ces malheureux! de se livrer à de honteuses fanfaronnades, pendant que la Patrie agonise, et qu'elle réclame, non point leurs écœurants défilés en costumes de coins, mais leurs bras et leur sang pour effacer la honte et l'ignominie qui déshonorent la vieille Gaule.

Sous le prétexte d'une attente menteuse qui cache leur couardise, ils abdiquent lâchement leur rôle viril, et se dispensent de courage avec de faux dehors de vaillance.

Pauvres saltimbanques, avouez donc plutôt que votre titre de Patriotes ne sert qu'à dissimuler votre lâcheté, et que l'hypocrite formule « En avant », sert à couvrir votre poltronnerie d'un voile chevaleresque!

Vos démonstrations de bambochés, vos défilés de polichinelles, n'ont pas d'autre but que de provoquer la faveur de catos éhontées, et pas d'autre effet que d'en imposer aux imbéciles et aux badauds.

Nos aïeux de 93 n'attachaient pas tant d'importance à leur costume, lorsque, vêtus de haillons sordides, et manquant de pain, ils allaient délivrer la patrie et rosser toutes les armées de l'Europe.

Nos soldats de 70, n'avaient pas non plus le préjugé de la

toilette, quand ils versaient leur sang pour essayer au moins de sauver l'honneur du pays.

. . . .
C'est que l'on ne fait pas trembler le vainqueur avec des chiffons rouges ou bleus; c'est que, vis-à-vis du fort, il faut d'autres raisons que des parades ou des insultes; et que les menaces que profèrent ces êtres-là, sont des sornettes qui ne peuvent pas plus émouvoir Bismarck, que les jappements d'un roquet, ne peuvent effrayer un dogue.

. . . .
Jetez donc aux vents ces vareuses d'arlequin, et ces guêtres dont vous n'avez que faire; prenez les armes de combat, courez à la frontière, rendre l'espoir à nos frères d'Alsace, et faire voir à Bismarck qu'il y a encore de la vigueur et des vertus au vieux pays celtique, et que chez nous la hache s'est enfin rappelée du Grand Ferré et que l'épée se souvient du Brenn Gaulois.

. .
Il faut apprendre aujourd'hui à ceux qui ont conduit la France où elle en est, qu'ils seront un jour responsables de leurs actes devant la Justice, et que tôt ou tard, ceux qui ont comploté l'anéantissement de notre pays, auront des comptes à rendre.

Il est nécessaire d'avertir les lâches qui ont voulu atrophier et abrutir la jeunesse, afin de rendre désormais impossible tout contrôle de leurs actes, que la jeunesse se révolte enfin.

Il faut convenir qu'ils s'y étaient pris adroitement pour la tenir en laisse!!!

On surmène les enfants dans nos écoles; et à l'heure où le pays a plus, que jamais, besoin d'hommes utiles, on lui confectionne une génération d'ânes savants.

Ceux qui accomplissent, sciemment ou aveuglément, de pareille besogne, méritent d'être flétris.

A l'âge où l'enfant a besoin de grand air et de liberté, à ce moment de la vie, où les fraîches impressions, les joies puériles et l'amour de sa mère, devraient seuls éclore dans sa petite tête et éveiller sa jeune intelligence, il se trouve des cuistres qui l'enferment brutalement et lui bourrent le cerveau de formules saugrenues. On va même jusqu'à demander à des enfants de six ans, quelle était la femme de Louis-le-Débonnaire, et quels sont les pouvoirs du pape! Certain inspecteur primaire que je pourrais citer, rêve, dans sa tendresse égaliteuse, d'arriver à ce que tous les enfants aient la même écriture. On va sans doute décréter bientôt, que, pour ne pas nuire à l'uniformité de la taille, les enfants n'auront pas le droit d'avoir plus de deux pieds de haut.

Les philantropes qui appliquent ainsi l'instruction obligatoire, sont purement et simplement des tartuffes, et comme tels, je les désigne à la réprobation générale.

Ce qui est déplorable, c'est que les parents eux-mêmes, au lieu de prendre en main, avec sollicitude, l'intérêt si cher de leurs enfants, ne paraissent pas avoir conscience des odieuses machinations qui se commettent, et que, dans leur aveuglement, ils encouragent même par un silence approbateur. On voit jusqu'à des mères de famille, se rendre orgueilleusement complices d'une pareille œuvre, au nom du Progrès! « Je veux que mon fils devienne un homme sérieux et qu'il soit savant! » La bêtise humaine est grande!...

Moi je dis que de pareils procédés à l'égard de l'enfant, en font un cancre, et pas autre chose!

Que de braves gens se sont mis sur la paille! que de forces perdues! que de situations gaspillées! que de malheurs et de désillusions, engendrées par de semblables ambitions! Et combien a été funeste cette éducation fausse qui sacrifie l'enfant à un vain amour-propre de parents imbéciles!

Il arrive tous les jours que d'honnêtes parents envoient leurs rejetons étudier loin de leur village, afin de satisfaire ces sottes glorioles. Les fils de nos agriculteurs, de nos industriels et de nos commerçants, s'en vont, sans aucune vocation, faire choix dans les grandes villes, d'une profession, dite « libérale », et laissent désormais sans avenir et sans soutien vigilant, la ferme ou l'atelier paternels. De sorte que la vieille profession du père est abandonnée et passe en d'autres mains; la race industrieuse qui jadis tenait haut et ferme la renommée de nos produits, se trouve près de s'éteindre, et la richesse nationale voit se tarir une à une, toutes ses sources de production. Plutôt que l'enfant continuât la lutte, en soutenant fermement les véritables intérêts du pays, il devient avocat, journaliste ou député, et va grossir les rangs de ceux qui ruinent la patrie, afin d'avoir une part à la curée.

Voilà les déplorables conséquences de ce faux respect humain!

Ces dignes parents n'ont même pas l'excuse d'avoir travaillé ainsi au bonheur de leurs enfants, car ils sont arrivés à un résultat tout opposé!

En effet, désormais affranchi de cette surveillance familiale qui est, en quelque sorte, une garantie morale pour l'enfant, celui-ci, guidé par l'exemple et les traditions de ses aînés d'étude, apprend en fort peu de temps, une foule de belles choses; et notamment : que l'amour de la patrie est une niaise puérilité; que la femme n'a aucun droit au respect de l'homme, que la famille est un mot creux; que tout labeur utile est méprisable, et que les convictions sont de ridicules préjugés. Tout son respect des choses vénérables, se résume alors dans cet aphorisme qu'il pratique cyniquement comme vérité : « un père est un banquier donné par la nature! »

Comme on prêche sans cesse aux jeunes gens que ce qui faisait « l'infériorité » de la génération précédente, réside précisément dans « l'ignorance crasse », où croupissait ladite génération, ils finissent par croire que c'est arrivé; et, parce qu'ils ont une instruction superficielle, mal basée et point pratique, ils se figurent être tellement au-dessus de leurs parents, qu'ils en arrivent à les mépriser, comme des êtres « inférieurs » de la création. Aussi en voit-on qui ne se font aucun scrupule de renier leurs père et mère, ni plus ni moins qu'ils renient leur parole ou leurs dettes.

De sorte que ces braves gens ont fait tout à la fois leur malheur personnel, celui de leurs enfants, et celui du pays. Le châtiment est grand, mais on ne saurait s'apitoyer sur leur sort. Si, au lieu de mettre leur stupide amour-propre au-dessus des sages conseils de la raison, le bon sens eût seul guidé leur décision, toutes ces calamités eussent été évitées, et tout le monde y eût trouvé profit.

La sottise des hommes n'a pas d'excuse.

. .

L'instruction est en soi une excellente chose, car c'est une arme donnée à l'homme, pour soutenir avantageusement la lutte contre les difficultés de toutes sortes qu'il rencontre dans la vie. Mais, lorsqu'elle n'est pas utilisée par des déductions pratiques, et qu'elle ne conduit pas à un but, elle se retourne contre l'homme, et devient aussitôt un terrible fléau.

Pour que l'instruction puisse porter tous ses fruits, il faut donc que le peuple qui la possède, puisse en extraire d'utiles enseignements, et en dégager des conclusions fécondes. Et cela ne peut se faire, si, à la base, il n'y a pas l'éducation.

L'instruction n'est, ne peut pas, et ne doit pas être autre chose qu'un outil. L'éducation est le bras qui manie cet outil, et lui fait accomplir œuvre utile ou funeste, selon que l'éducation est elle-même vraie ou fausse, naturelle ou factice.

En un mot, l'instruction n'a sa raison d'être, qu'autant qu'elle est mise au service d'une idée, capable de la féconder!

. . . .

Donc, pour que l'instruction soit profitable à l'enfant il est nécessaire de faire intervenir son jugement personnel pour l'habituer à déduire lui-même, les conséquences pratiques des choses qu'il apprend. Au lieu de lui faire rabâcher par cœur, un tas de rengaines, on doit éveiller son intelligence pour qu'il saisisse bien la portée et le but de ses connaissances. Enfin, plutôt que de surchauffer sa mémoire, sans autre résultat que d'anéantir ses facultés; il faut faire appel à ses qualités naturelles d'observation, si vives et si développées à cet âge, et faire en sorte qu'il s'intéresse de lui-même, à apprécier tous les enseignements qui lui sont offerts.

Tout cela, afin que dans l'avenir, étant devenu une force utile, il sache diriger ses facultés vers leur sens naturel, et qu'il puisse faire l'expérience de son savoir.

De cette façon, il deviendrait un homme; au lieu d'être un instrument inconscient, il serait une originalité, sachant concevoir, et possédant les moyens d'exécuter.

Et alors, nous aurions des individus, qui, chacun dans leur sphère, contribueraient à la prospérité commune et à la grandeur de la nation !

. . . .

Les hommes qui ont décrété l'instruction obligatoire, ne pensent pas ainsi, et pour cause. N'ayant en vue que leur situation personnelle, et non l'intérêt général du pays, ils prétextent d'une tendre et philantropique sollicitude pour la jeunesse, tandis qu'ils n'ont pas d'autre but que d'étouffer son intelligence et d'anéantir son jugement. Certains désormais qu'aucune protestation ne s'élèvera de la part de la génération mûre, ils pensent à obtenir de la jeunesse un résultat semblable, en la mettant dans l'impossibilité d'exercer à l'avenir, aucune appréciation de leur conduite.

L'instruction, qui aurait dû, en quelque sorte, nous émanciper, devient de ce fait, le plus puissant moyen de nous dominer et de nous mâter. Ces êtres ont peur de toute intelligence et de toute générosité, par ce qu'ils redoutent l'avertissement dénonciateur qui les perdrait ; c'est pourquoi ils craignent les hommes de conviction et les cœurs dévoués, qui pourraient un jour faire justice de leurs manœuvres criminelles ! Aussi ont-ils cherché, par tous les moyens possibles, de stériliser à jamais, la souche des sentiments généreux de notre race.

J'ai décrit plus haut, le moyen dont on use aujourd'hui, pour tuer l'intelligence de l'enfant, en la surmenant. Ce n'est pas tout ! Il y a un programme complémentaire, destiné à couper court à l'éclosion de toute aspiration élevée, et de toute manifestation intéressante de notre tempérament national, chaque fois qu'elle se produit.

Au lieu d'essayer de faire comprendre à l'enfant le rôle pratique de l'instruction, sans surcharger ses facultés, on ne lui en laisse pas deviner le but, on étouffe son entendement sous le radotage d'une foule de formules vides de sens, afin qu'il ne puisse se rendre compte des sottises qu'on lui enseigne.

Au lieu de faire appel à ses qualités originelles d'intelligence et de jugement, on ne met en jeu que sa mémoire, afin de comprimer son esprit d'initiative et d'ingéniosité, ainsi que les nobles élans de son cœur.

Au lieu de lui faire dégager la morale et les conséquences, des choses qu'il apprend, on lui fait rabâcher par cœur, des conclusions faussées à l'avance, afin d'enlever toute influence et toute valeur, aux féconds enseignements de l'exemple.

Enfin on met tout en œuvre pour étouffer en lui tout ce qui fait la force de l'homme : le respect des traditions, la vénération des aïeux, l'amour sacré du sol, etc. On lui prône l'insulte envers les ancêtres, et on lui insinue le mépris de ses parents.

J'ai les preuves des choses que j'avance.

Je sais que dans nos écoles, on prêche à la jeunesse, la haine de nos grands hommes. On enseigne au citoyen de demain que, depuis les Gaulois jusqu'à la Révolution, nos pères ne sont qu'un ramassis de pillards, de bandits, de faussaires, d'égorgeurs sanguinaires et de parjures. On lui offre comme exemple les impuissants du passé et les lâches du présent, et l'on traîne dans la boue tous les génies qui firent grande notre nation, et eurent le souci de ses vrais intérêts ! On veut nous inspirer de l'admiration envers Bonaparte et du dégoût envers Marat; tel qui exalte l'abbé Fleury, ne cache pas sa répugnance pour Colbert, et tandis qu'on nous cite Jean-le-Bon comme un modèle de toutes les vertus, on nous montre Louis XI comme un monstre.

Il faut apprendre à ceux qui ont fait pareille œuvre, que la jeunesse se refuse à être plus longtemps victime de leurs fourberies, et qu'elle n'entend pas que l'on souille davantage, les mâles figures et les grands souvenirs de notre passé.

. . . .

On ne saurait croire jusqu'à quel point peuvent aller l'insolence et l'aplomb de ces pédagogues décrépits, si l'on n'était sûr d'avance, qu'ils sont nos pires ennemis, vu qu'ils cachent leur jeu sous le voile d'une hypocrite amitié. Ainsi, par exemple, voilà un historien bâtard, qui ne fait vraiment aucune façon de nous lancer à la tête, que les Gaulois nos pères, étaient des voleurs aux faux-poids; on ne peut pas nous dire plus gracieusement : « vous êtes les fils de brigands dignes de la corde ou du bûcher. »

Ce brave homme nous raconte donc, comment les Gaulois, sous la conduite de leur chef ou Brenn, après avoir battu les Romains sur les bords de l'Allia, s'emparèrent de Rome, et lui imposèrent une rançon de mille livres d'or. « Quand on pesa l'or, ajoute-t-il, les barbares apportèrent de faux poids. Comme le tribun romain, Sulpicius, se récriait : « Væ Victis, dit le Brenn, Malheur aux vaincus! » et il jeta encore dans la balance, sa large épée et son baudrier » (V. Duruy).

En sorte qu'aujourd'hui, dans nos écoles, l'enfant apprend avec étonnement, qu'un de ses ancêtres, le Brenn, fut un bandit, et ne craignit pas d'outrager au malheur, en trichant sur la rançon de vaincus courageux; puis, voyant sa ruse découverte, il abusa lâchement de sa situation privilégiée en se réclamant de ses droits de vainqueur!

J'ai pris là un fait entre cent. S'il n'y avait que ce seul exemple de l'influence néfaste du maître-d'écolisme, ce serait déjà trop. Mais lorsqu'on voit cette influence s'attaquer à tout ce qui, chez nous, fut grand et beau, pour le falsifier ou l'avilir, on a le devoir de veiller à une telle situation.

Je dois à la mémoire de nos ancêtres, souillée par ces misérables, une réparation vengeresse, comme je garde aux vils insulteurs de notre glorieux passé, une flétrissure d'ignominie et d'opprobre.

Et puisqu'il ne se trouve personne pour redresser les miens, j'ose prendre la place de l'homme de talent ; qui aurait dû le faire.

Je reconstitue maintenant les faits dans leur simple vérité!

« Une fois maître de Rome, le Brenn, qui ne tenait pas à garder la ville, imposa aux habitants une rançon de mille livres d'or, pour dédommager ses compagnons des fatigues et des ennuis de la guerre. L'or s'entassait donc dans l'un des plateaux de la balance, et naturellement, les Romains n'étaient pas enchantés de donner leur monnaie; je cuide voir qu'ils étaient en malice, d'être ainsi obligés de se démunir de leurs sous de poche. Un vieux ronchonneur imbécile, osa même s'écrier soudain : « C'est un abus indigne ! on pèse notre or avec de fauds poids ! »

« Alors le Brenn, indigné d'un pareil soupçon, et exaspéré que l'on eût pu mettre en doute, sa loyauté et sa bonne foi, éprouva le besoin de donner à ces insolents une leçon de bon sens et de respect, dont ils se ressouvinssent! Palpitant d'une colère blanche, il brandit farouche sa lourde épée, et la jetant dans la balance, il s'écria menaçant: « Malheur aux Vaincus ! »

« Je suis bien persuadé que ce fut au milieu d'un silence religieux et d'une crainte respectueuse, que les Romains ajoutèrent en tremblant de l'or jusqu'à l'équilibre des plateaux, et qu'ils ne songèrent plus un seul instant à réclamer contre l'éloquence d'un tel argument. »

Il s'est trouvé des fourbes, qui n'ont pas eu crainte de souiller cette noble tradition, en nous représentant le Brenn, comme un faussaire et un voleur, de grand chemin ! Malheur aux misérables qui ont outragé ainsi à la vérité, pour nous faire haïr nos grands aïeux ! Non ! mille fois non ! Le Brenn n'usa pas d'une telle canaillerie ? Le simple bon sens proteste contre cette accusation impudente, car étant le maître, il n'avait pas à employer la ruse pour se faire servir. Toute supercherie de sa part était superflue, et il demeure évident qu'il agit franchement et sans détour !

Il ne faudrait pas avoir de sens commun pour ajouter foi à ce petit roman !

Ceux qui ont permis ou accompli cette œuvre de honte et de destruction, n'ont eu qu'un seul souci : nous enlever toute énergie et tout ressort, afin de mieux nous dominer. C'est pourquoi ils cherchent à nous rendre lâches et insensibles, dans la crainte que nous ne nous redressions en leur demandant des comptes. C'est pourquoi ils nous trompent sur les grands souvenirs de notre passé, qui pourraient nous servir d'exemple pour nous affranchir de leur joug. Et c'est pourquoi, ils tentent de nous inspirer l'indifférence envers la patrie, afin de nous enlever l'espoir qui donne le courage.

. . . .

Il y a des avertissements qui ne se font entendre qu'une fois, et qui résonnent comme un tocsin d'alarme. La France se meurt, épuisée par les agissements et les faiblesses des hommes qui la gouvernent. La patrie est compromise, et son existence menacée. Et la jeunesse, qui devrait veiller au salut du pays, oublie dans l'étourdissement de l'indifférence, les impérieux sacrifices, que lui commande la situation. Jamais, à aucune époque de notre passé, elle n'a été plus lâche qu'aujourd'hui. Elle se dérobe à l'apprentissage d'homme, sous prétexte qu'il est rude. Il est nécessaire de lui apprendre qu'avant peu, si elle ne se réveille pas enfin, les citoyens de Guillaume, la dispenseront à jamais de virilité !

Nos aïeux de 93, nous avaient légué une œuvre incomplète, pour que nous la reprenions vigoureusement, afin de la compléter et de l'achever. Pourquoi avons-nous laissé nos chefs, anéantir cette œuvre ? Est-ce que les petits-fils des soldats de Valmy et de Wattignies, renieraient leurs aïeux et souffriraient que l'on traînât leur souvenir dans la fange ?

Il faut se persuader que nous n'avons pas le moyen de tolérer plus longtemps les incapables ou les coquins qui nous divisent et nous mènent à l'égout. Les conséquences prochaines qu'entraînera un jour ou l'autre notre lâcheté, devraient nous faire rougir de honte ! Nom de Dieu ! Non ! il ne sera pas dit que le champ paternel soit gardé un jour par le hulan prussien ; et il n'est pas possible que la vieille patrie résonne jamais du chant de triomphe, des bandes germaniques ! S'il faut le sacrifice de nos têtes, faisons-le, mais ne nous laissons pas abreuver par ce dernier affront ! Assez d'ignominie comme cela ? Redressons-nous enfin, et Haut les Cœurs !

ÉMILE ORLÉANS.

FIN

TABLE DES MATIÈRES

	Pages
I Dors-tu, Jacques Bonhomme?............	1
II Du Journalisme..................	12
III Hugo-le-Grand.................	14
IV De la quintessence spermatique des savants	16
V De l'Intolérance scientifique..........	17
VI Les Arts.....................	23
VII Nos campagnes.................	27
VIII De l'Intérêt général & de l'Intérêt particulier...................	31
IX La France par rapport a l'Allemagne...	32
XI Mon But....................	34
XI Le Germain & le Latin...........	41
XII La Femme..................	52
XIII Notre role en Europe...........	56
XIV Des lois de nature.............	61
XV Une grande vérité égarée dans un journal	68
XVI Conclusion. — Ma Patrie.........	70
XVII Le Remède.................	80
XVIII Quelques mots d'explication......	84
A la jeunesse par Émile ORLÉANS.....	87

Les personnes qui désireront se procurer *Le Réveil de la Gaule*, n'ont qu'à adresser la somme de seize sous en timbres-poste, au Gérant, 6, rue Lebouis. — Paris.

Paris. — Imprimerie spéciale, 6, rue Lebouis. — *Le Gérant* : BAFFIER

www.ingramcontent.com/pod-product-compliance
Lightning Source LLC
Chambersburg PA
CBHW070319100426
42743CB00011B/2475